Lichtvolle Energien aus der Quelle des Seins
Das Kamasha Praxisbuch

Wichtiger Hinweis

Wir möchten den Leser mit diesem Buch in seinem Bewusstwerdungsprozess unterstützen. Dieses Buch soll ihn informieren, lehren, unterhalten und inspirieren. Der Autor und der Verlag können für keinerlei Verluste oder Schäden verantwortlich oder schadensersatzpflichtig gemacht werden, die irgendjemandem direkt oder indirekt durch die in diesem Buch enthaltenen Informationen entstehen.

Die Anwendung von lichtvollen Energien stellt keinen Ersatz für eine ärztliche oder psychologische Betreuung dar. Im Fall von gesundheitlichen Problemen ist eine medizinische Diagnose und Behandlung in jedem Fall ratsam.

Dietershaner Str. 29
36039 Fulda
Tel.: +49 (0) 67 64/3 01 09-1
Fax: +49 (0) 67 64/3 01 09-9
www.kamasha-verlag.de
www.kamasha.de

Umschlaggestaltung: Kamasha Verlag
unter Verwendung des Bildes "To be in love" von © Ivoi, Bad Kreuznach
Satz: Kamasha Verlag
Korrektorat: Kamasha Verlag
Druck: Druckerei Sonnenschein, Hersbruck
Kreisdiagrammausführung, S. 169 ff: Uta Kessler, Wiesbaden

ISBN 13: 978-3-936767-14-8
Originalauflage, August 2007

Für dieses Buch wurde ausschließlich Papier verwendet,
das nicht aus dem Regenwald stammt.

Lichtvolle Energien aus der Quelle des Seins

Das Kamasha Praxisbuch

Kamasha Verlag

Liebe Freunde des Lichts!

Es ist wunderbar, eine neue Kraft zu manifestieren auf der Erde, dass immer mehr die Klarheit und das Licht in jedem Herzen aktiviert werden, dass immer mehr die Freude in jedem Herzen aktiviert wird.

Und dass die ganze Kraft des Kosmos auf die Erde gehen kann. Dafür geben wir euch diese Energien, dafür geben wir euch dieses Wissen, dass in euch der Aufstieg geschieht, dass ihr euch erhebt in eine neue Dimension, um die Kraft der Erde und des Kosmos zu erfahren.

Die lichtvollen Energien aus der Quelle des Seins begleiten euch auf eurer Reise zu euch selbst. Sie sind eine Brücke zwischen dem Kosmos und der Erde, um euch wieder als Teil der Erde und des Kosmos zu erfahren. Nehmt diese Geschenke von Herzen an und lasst die Schönheit durch jede Stelle eures Körpers fließen.

Es ist so wichtig, dass ihr mehr und mehr die Wahrheit eures Herzens erfahrt.

So vieles ist geschehen, seitdem wir die Kraft von Kamasha auf der Erde geboren haben. Jetzt ist es an der Zeit, für euch ein neues Buch des Wissens entstehen zu lassen über die Energien und ihre Kraft und über die Themen, die euch begleiten. Die Auswahl der Energien in diesem Buch ist angepasst an das, was ihr jetzt braucht für diesen Aufstieg, der eine immer größere Dynamik entwickelt. Zentriert euch auf das, was wirklich wichtig ist für euch.

Und wir helfen euch dabei, dass ihr euer Leben friedvoll und in Achtsamkeit erfahren könnt. Denn dieser Frieden geht mehr und mehr in die Welt.

Wir sind unermesslich dankbar für eure Öffnung und für eure Liebe und für die Klarheit, euch selbst auf der Erde zu begegnen.

In tiefer Liebe

Erzengel Michael

Vorwort

Liebe Freunde,

seitdem wir diese wundervollen Energien von Erzengel Michael und der göttlichen geistigen Welt geschenkt bekommen haben, ist so viel Transformation und Heilung geschehen für alle Lebewesen auf der Erde.

Am 15. März 2001 starteten wir in Wiesbaden mit 12.000 Energiefläschchen. Heute nach 6 Jahren sind ca. 200.000 Energiefläschchen in die Welt gegangen, dass ist ein grosses Wunder.

Ich bin tief berührt und dankbar, diese grosse Aufgabe von Erzengel Michael erhalten zu haben und freue mich noch auf viele weitere Projekte, die ich manifestieren darf.

Dieses neue Buch gibt sehr viele Informationen über die einzelnen Energiethemen, und es hat sich auch einiges verändert. Es sind nur noch 97 Energiethemen, statt vorher 150. Lasse dich führen und leiten und wisse, die göttliche Energie begleitet uns immer.

Mit der Liebe meines Herzens

Natara Jörg Loskant

Vielen lieben Dank an

... das Buchteam Sharuya Benedicte Costa, Avytaba Phil von Ehren und Martin. Ohne euch hätte das Buch noch viel länger gebraucht, sich auf der Erde zu manifestieren

... die göttliche geistige Welt, Erzengel Michael für seine unermessliche Liebe und Führung

... das Kamasha Team Nayarama Uta Werner, Kalyana Irina Ermisch, Avytaba Phil von Ehren, Martin Lanius, Lothar Franz für eure Präsenz und Liebe

... das Kamasha Magazin Team Sandra Heim und Heike Schöffel

... das gesamte „Lebensquelle" und Restaurant „Bodhi" Team

... das Kamasha TAI Team Patricia Ziebell und Shivara Susanne Friese

... Bala Sai Baba, Sathya Sai Baba und Amma für ihre ständige Begleitung und Segnung

... allen Menschen, die wieder auf ihre Herzensstimme hören

Mögen alle Lebewesen erkennen, dass sie Liebe sind.

Natara
im Juli 2007

Inhaltsverzeichnis

Der Kosmos

Getragen sein auf der Erde

Pyramidenenergien

Energien der Transformation

Chakra-Energien

Energien der neuen Zeit

Gelebte Energien

Die Seelenländer

Lichtvolle Räume

Einführung

Alles, was existiert, kann als eine bestimmte Form von Schwingungsenergie betrachtet werden. Viele Dinge, die wir nicht sehen können, sind doch wirklich und wirksam, ebenso wie die Kraft der Liebe, die sich über Tausende von Kilometern Entfernung entfalten kann.

Auf diese Weise können wir die lichtvollen Energien verstehen, die im Kosmos überall gegenwärtig sind. Über einen Energetisierungsprozess können sie auch auf Substanzen übertragen werden. Ein Beispiel dafür sind energetisierte Essenzen, die Schwingungsinformationen enthalten. Wasser und Weindestillat nehmen Schwingungsinformationen gut auf.

Dieses Buch enthält gechannelte Aussagen der geistigen Welt zu verschiedenen Engel- und Meisterenergien sowie zahlreichen anderen Schwingungsthemen. Die Aussagen sind von Natara zu Papier gebracht worden und sollen jeden Interessierten dabei unterstützen, die richtige Energie für sich und für andere zu finden. Sowohl Laien ohne Vorkenntnisse als auch erfahrene Therapeuten können diese Informationen für sich nutzen.

Die Beschreibung der jeweiligen Energie soll dem Leser Aufschluss verschaffen über das Thema, mit dem sich seine Seele, sein Körper oder sein Geist gerade beschäftigt, ihn inspirieren, die richtigen Entscheidungen zu treffen und für sich einen Lösungsweg zu finden. Sie umfasst jeweils ein kurzes Zitat und einen meditativen Text.

Lichtvolle Energien

eine ganzheitliche Methode
zur Entfaltung des gesamten Potentials
jedes einzelnen auf Erden

Die ganzheitliche Auffassung von Lebensglück und Gesundheit geht von der vollkommenen Einheit allen Lebens und der absoluten Einzigartigkeit aller darin vorhandenen Systeme aus. Jeder von uns befindet sich auf einer einmaligen, in dieser Form unwiederholbaren Lebensreise. Wie es uns geht, ist ein Indikator dafür, an welchem Punkt dieser Reise wir gerade sind, was uns innerlich gerade bewegt und woran wir noch zu arbeiten haben.

Wenn es uns körperlich, seelisch oder geistig nicht gut geht, ist dies ein Indikator für etwas, was es zu erkennen und aufzulösen gilt, damit wir wieder die göttliche Einheit in uns spüren können. Wenn wir erkennen, worum es in dem aktuellen Leiden geht, können wir Schritte gehen, um es aufzulösen.

Lichtvolle Energien bringen die Lebensenergie wieder ins Fließen, sei es im physischen Körper, sei es in einem ätherischen, und stellen die gewünschte Einheit zwischen Körper, Geist und Seele wieder her. Hinzu kommt, dass sie hervorragende Begleiter sind für Menschen, die bewusst an seelischem Wachstum und spiritueller Entfaltung interessiert sind

Natara empfing die Themen und Heilschwingungen der einzelnen Energien aus der geistigen Welt, und so wurden sie auf Mutteressenzen übertragen. Aus diesen wiederum entsteht die Möglichkeit, sich selbst mit diesen Energien zu verbinden.

Wie die Kamasha-Energien wirken

Wenn wir ein Leid verspüren, sind wir auf einer bestimmten Ebene von unserem höheren Selbst und unserer göttlichen Quelle abgeschnitten. Die Kamasha Energien erhöhen durch ihre Engelsschwingung unsere menschliche Energie und lösen die Blockaden, die uns davon abhalten, uns mit dem göttlichen Strom verbunden zu fühlen. So können Sie wahre Glückseligkeit und Freude schenken. Die höhere Engelsschwingung öffnet unsere Kanäle, so dass wir wieder in einem unmittelbaren Kontakt mit unserem höheren Selbst stehen.

Wie schöne Musik, Meditation, Tanz oder andere großartige schöpferische und inspirierende Dinge sind die Engelsschwingungen in der Lage, unseren Geist zu erheben und uns unserer Seele und Quelle näher zu bringen. Dadurch fühlen wir uns getragen, sind in Frieden mit uns und unserem Umfeld und können das sichtbar werdende Muster, was uns dazu verführte, zu leiden, einfach loslassen.

Engel

Engel sind uns aus vielen Kulturen bekannt. Sie sind dort die Boten Gottes, Mittler zwischen Gott und den Menschen und immer von außerordentlicher Schönheit, Sanftmut und Liebe. Die Kamasha-Energien sind uns von Erzengel Michael geschenkt worden, und doch setzen sie kein religiöses Verständnis voraus. Die feinstofflichen Energien sind eine Wirklichkeit und sind überreligiös zu verstehen. Sie stehen mit jeder Glaubensrichtung in Einklang, die die Liebe als höchstes Ziel hat.

Die Energien wirken in der Weise, dass sie auf allen Ebenen des Körpers, und auf allen Ebenen um den Körper herum wirken. Wenn Erzengel Michael ein Thema in einer Familie sieht, trägt der Mensch, für den die Energie aktiviert wird, das Thema in der Aura. Er ist dadurch in seinem Verhalten gehemmt. Dadurch entsteht eine Disharmonie zwischen dem Körper und der Aura. Und diese Disharmonie erzeugt Ängste und das Gefühl, von seinen eigenen Gefühlen abgeschnitten zu sein. Deshalb würde Erzengel Michael zuerst auf der körperlichen Ebene mit der Auflösung beginnen und dann zu weiteren Ebenen fortschreiten. In einer speziellen Komposition (Special-Energie) werden die Themen aufeinander aufbauend angesprochen.

Auch die einzelnen Energien sprechen natürlich unterschiedliche Schwerpunkte an, manche sind körperorientierter, manche gehen schon viel mehr in die feinstoffliche Ebene. Sehr feinstofflich wirken etwa die Energien der Seelenländer.

Eine naturwissenschaftlich vollkommen anerkannte Methode, um die Wirkungsweise der feinstofflichen Energien zu erklären, gibt es heute noch nicht. Per Definition kann eine feinstoffliche Wirkung nicht durch einen grobstoffliche Methode nachgewiesen werden.

Im Leben finden wir Gegensätze wie heiß und kalt, männlich und weiblich oder fein- und grobstofflich. Alle feinstofflich wirkenden Substanzen können nur durch alternative Methoden nachgewiesen werden. Hierbei gibt es aber eine Reihe von anerkannten Möglichkeiten, zu denen auch die Erfahrungswerte von Therapeuten gehören.

Wer mit den feinstofflichen Energien arbeitet, kann regelmäßig bestätigen, dass diese konkrete Wirkungen entfalten. Mit Hilfe diverser Geräte wie z.B. der Elektroakupunktur, können die Schwingungen der Energien erfaßt und in für uns messbaren Werten dargestellt werden. Zum Thema „Auffindung der Energien" finden sich im Folgenden einige Artikel von Fachleuten mit wichtigen Hinweisen.

Wie finde ich die richtige Kamasha Energie?

Wer für sich gerne die Energie herausfinden möchte, die seiner augenblicklichen Lebenssituation, Entwicklung und seinem Potenzial entspricht, hat die Auswahl von insgesamt 97 Schwingungsthemen, die in diesem Buch beschrieben werden.

Zuvor sollte man sich darüber bewusst sein, dass keine Energie für eine Person wirklich falsch sein kann. Anders als bei Medikamenten kann die Verwendung einer Engelsenergie, die dem augenblicklichen Seelenzustand nicht entspricht, keinerlei Schaden anrichten. Der Mensch kann sich also jederzeit frei fühlen, verschiedene Energien auszuprobieren und mit ihnen experimentieren.

Es macht Freude, sich mit ihrer Schwingung zu verbinden und dann ganz bewusst auf die eigene Wahrnehmung zu achten. Viele Menschen berichten von der Empfindung der göttlichen Liebe, der Freude, der Erfüllung, der Öffnung des eigenen Herzens, dem Nachfühlen der Bewegungen der Chakren u.v.m. Diese Selbstwahrnehmung spielt eine wesentliche Rolle in dem Prozess der Selbsterkennung und auf dem Weg nach Innen.

Zu jeder Energie werden ein Zitat und ein meditativer Text gegeben. Beide enthalten bereits eine heilsame Schwingung. Lasse dich also von der Kraft der Texte leiten.

Um herauszufinden welche Energien für dich die richtigen sind, kannst du dich mit der geistigen Welt oder ganz konkret mit Erzengel Michael verbinden und darum bitten, dass diese(r) dir die Energie(n) mitteilt, dessen/deren Schwingung(en) augenblicklich für dich wertvoll ist/sind. Um sich mit der geistigen Welt zu verbinden, haben viele Menschen ihre eigene intuitive Technik gefunden.

Eine dieser Techniken besteht z.B. darin, sich durch Atem- oder Entspannungsübungen in einen ruhigen meditativen Zustand zu begeben. Dann, wenn man das Gefühl hat, nicht mehr in dem Alltagsstress oder in dem eigenen Gedankenkonzept zu hängen, sondern ruhig in seiner Mitte angekommen ist, öffnet man seine Arme und Hände für die geistige Welt, achtet auf ein offenes Herz und bittet die geistige Welt um Führung zur richtigen Energie. Dieses Gebet kann z.B. folgendermaßen sein:

„Lieber Erzengel Michael, bitte zeige mir/uns, welche Schwingungen heute für mich die hilfreich ist"

oder

„Lieber Erzengel Michael, bitte zeige mir/uns, welche Schwingungen für die Lösung von ...... (schildere deine bestimme Situation) hilfreich ist"

oder

„Lieber Erzengel Michael, bitte zeige mir/uns, welche Schwingung zur Verwirklichung von .... (schildere deine Vision) hilfreich ist."

Achte dabei darauf, dass du deine Wünsche in den Dienst des Höchsten stellst. Wenn du dann das Buch in deine Hände nimmst und intuitiv aufschlägst, so dass die Engel deine Bewegungen führen können, so hast du schon die Schwingung gefunden, die dem Wunsch deiner Seele entspricht. Dies geschieht ähnlich wie beim Ziehen von Tarotkarten.

Natürlich kannst du auch andere Möglichkeiten wählen, wie du die Nachrichten empfangen kannst. Verlasse dich dabei auf dein Gefühl. Wichtig ist immer, dass du darauf achtest, dich mit Erzengel Michael oder einem anderen Meister aus dem Reich des Lichtes zu verbinden.

Beim Lesen der Texte geht es nicht nur um ein intellektuelles Verstehen. Es kann sein, dass du beim Lesen sofort erfasst, was dir dieser Text sagen möchte, es kommt aber auch vor, dass der Verstand mit Unverständnis reagiert, sich dem Inhalt der Beschreibung vollkommen verweigert, und trotzdem fühlst du dich durch den Inhalt des Beschriebenen angezogen.

Wisse, dass deine Seele und dein Körper die Schwingung verstanden haben und dass die Wahl der Energie nicht falsch ist, sondern dich zur Entfaltung deines schöpferischen Potenzials führt. Die Texte sind energetisch so aufgeladen, dass sie auf allen Ebenen deines Seins wirken.

Für diejenigen, die gerne mit einem Pendel die richtige Energie finden möchten, haben wir im Anhang des Buches ein Pendelsheet eingefügt.

Pendeln

Diese kurze Beschreibung vermittelt die Grundlagen des Pendelns. Es bedarf allerdings etwas Übung, um die Methode mit Präzision ausüben zu können. Es gibt für Interessierte eine ganze Reihe von guten Seminaren, in denen das Pendeln gründlich erlernt werden kann.

Stelle dich gerade hin, Füße auf Schulterhöhe. Atme langsam und ruhig in deinen Bauch. Dann kannst du das Pendel in deine rechte Hand nehmen und die linke mit der Handinnenfläche zum Himmel heben. Verbinde dich mit Erzengel Michael oder einem Meister aus der geistigen Welt und bitte sie, dich zu führen und dir anzugeben, welche Energie(n) für dich die Richtigen ist/sind. Verbinde dich mit einer bestimmten Energie und beobachte, wie das Pendel reagiert.

Auch mit technischen Geräten und anderen Methoden ist es möglich, die Schwingungen genau zu erfassen, die dich in deinem Leben und in der aktuellen Situation unterstützen. Dafür finden sich Anregungen in den nachfolgenden Abschnitten, die von Fachleuten geschrieben wurden.

Auch bei Kamasha gibt es eine Beratungshotline für tiefergehende Fragen (kostenpflichtig). Jeden Donnerstag von 14.00 - 16.00 Uhr wird gezielt auf deine Fragen eingegangen.
Tel.: 0661 / 38 000 261

Wenn du dich mit den wundervollen Engelsenergien befasst, öffnest du die Tore der Erkenntnis, die dein Leben bereichern und es dir erleichtern, stets in Verbindung mit deinem höheren Selbst zu sein, dich zu entfalten und dein ganzes Potenzial auf der Erde zu leben.

Heute sind wir sind immer mehr aufgefordert, unser Leben in Eigenverantwortung und in Einheit mit Gott zu leben. Das hektische Treiben der Außenwelt und die sich ständig verändernde Welt ruft uns, die innere Mitte beizubehalten und im Leben immer wieder aus der inneren Schöpferkraft zu handeln. Die ganzheitliche Auffassung von Gesundheit geht von der Einheit allen Lebens aus

Mögen diese Texte dich berühren, dir Erfüllung, Frieden und Liebe schenken.

Testen von Energien mit der Bioantenne

(Weiterentwicklung der Einhandrute)

von Marianne Reuter

Wenn man mit feinstofflichen spirituellen Energien arbeiten will, ist es ebenso wie bei Substanzen wichtig, zu einer genauen Testung zu kommen, welche Energie für eine betreffende Person oder für einen selbst passend ist. Hier kann zur Unterstützung ein Instrument wie die Bioantenne eingesetzt werden. Sie ist ein einmaliges und sehr fein reagierendes Testgerät auf Schwingungsbasis.

Die „Bioantenne" wurde von Christa und Hardy Burbaum entwickelt, wobei sie an den „Vitasensor" des Naturforschers Charles Waldemar und den „Biotensor" des Plasmaforschers Dr. Oberbach anknüpfen.

Der Unterschied: Die radiästhetische Einhandrute schlägt bei sensitiven Menschen über eine feinstoffenergetische Reizzone der Hand aus, während die Bioantenne sich über das Bewusstsein in Verbindung mit der Fühligkeit bewegt und die geistigen Ebenen bewertet, wobei die Fragen klar über das Bewusstsein gestellt werden.

Da es in diesem Fall hauptsächlich um das Austesten der spirituellen Energien geht, stehen die anderen Funktionen der Bioantenne wie z.B. auch das Austesten von Nahrungsmitteln, chemischen Stoffen, Gift- und Schadstoffen, das Testen von Organen sowie das Einschwingen von lichtvoller oder das Ausschwingen von negativer, dunkler Energie usw. nicht im Vordergrund.

Wie funktioniert die Bioantenne bei Testen?

Schwingt die Bioantenne auf und ab, so bedeutet dies „ja".

Schwingt die Bioantenne nach rechts und links, so ist dies „nein".

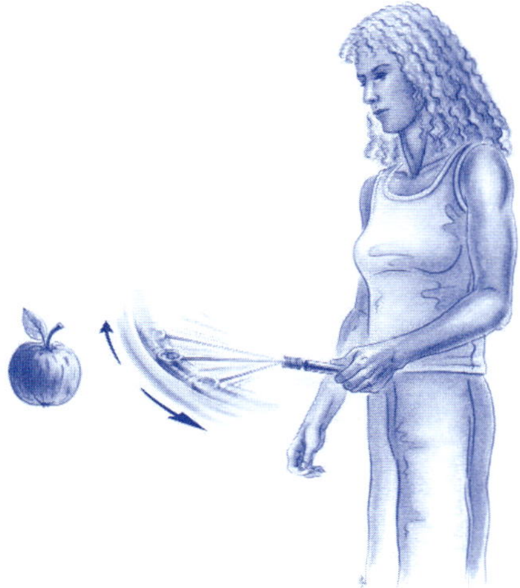

Weder „Ja" noch „Nein" kann sich als Stillstand äußern oder aber auch, dass die Bioantenne leicht kreist. Bei mir bedeutet Stillstand beim Testen, dass da noch anderes zusätzlich berücksichtigt werden muß.

Der Beziehungstest

Beim Beziehungstest muss die Bioantenne zwischen die zu testende Person und die zu testende Substanz, Essenz oder auch anderes z.B. Nahrungsmittel gehalten werden.

Ohne eine Frage zu stellen, wartet man einfach, was die Bioantenne macht. Schwingt sie auf und ab, bedeutet dies Trennung oder Ablehnung. Die Substanz oder Essenz ist nicht passend für die Person. Schwingt die Bioantenne zwischen der Testperson und dem Testmaterial hin und her, so bedeutet dies Zustimmung oder Vereinigung, das heißt also, sie ist zum jetzigen Zeitpunkt richtig für die Person und kann so sinnvoll eingesetzt werden.

Bleibt die Bioantenne stehen, so ist die Essenz oder sonstiges Testgut zwar nicht unpassend, hat aber momentan keine Auswirkung. Auf die Anwendung kann also verzichtet werden.

Der Identifikationstest (nach Dr. Schumacher)

Beim Identifikationstest wird ähnlich wie beim Beziehungstest, gearbeitet. Dabei wird nicht nur mit den Personen selbst getestet, sondern man nimmt anstatt der Testperson selbst ein Foto, einen Blutstropfen oder Haare von derselben. Dabei ist besonders erwähnenswert, dass diese Testhilfen jede Veränderung der Testperson mitmachen, so dass besonders beim Blutstropfen auch nach Monaten oder auch nach Jahren ein Testen mit exakten Ergebnissen möglich ist.

Genauso ist es bei einem Foto, wobei natürlich ein Kinderbild, wenn die Person erwachsen ist, mit einem aktuellen Bild ausgetauscht werden sollte.

Der Testvorgang gestaltet sich dann so, dass links das Bild, der Blutstropfen oder die Haare aufgestellt sind und rechts das zu testende Material. Nun geht man auch hier mit der Bioantenne dazwischen und beobachtet ohne Fragestellung, wie die Bioantenne reagiert. Die Aussage ist dieselbe wie beim Beziehungstest.

Der Abfragetest

Beim Abfragetest verhält es sich etwas anders. Haben wir die Testperson bei uns, so geben wir dieser die zu testende Substanz in die Hand, oder bitten sie, dieses Testmaterial auf den Thymus zu halten.

Wir selbst haben die Bioantenne in der Hand, ohne sie zwischen Testperson und Testmaterial zu halten, und fragen ganz bewusst, ob diese Substanz für diese Person zuträglich ist, ob sie für ihre Probleme und ihre Situation energetisch aufbauend, helfend oder harmonierend wirkt.

Schwingt jetzt die Bioantenne
auf und ab, so bedeutet dies
eine volle Zustimmung und „Ja".

Schwingt die Bioantenne hin und her,
so ist dies als Ablehnung
und „Nein" zu werten.

Auch beim Abfragetest, bedeutet Stillstand oder leichtes Kreisen der Bioantenne nicht „Ja" und nicht „nein", also ein „Jein", und ein Weitertesten ist für ein optimales Ergebnis erforderlich.

Alle diese Tests sind natürlich auch als Selbsttest möglich. Beim Beziehungstest wird das Testmaterial in die Hand genommen und mit Abstand zum Oberkörper (Thorax) vorn gehalten. Nun geht man mit der Bioantenne, die in der anderen Hand gehalten wird, zwischen den Oberkörper und die Hand, die das Testmaterial hält. Hier ist wiederum keine Fragestellung vorzunehmen, sondern abzuwarten, wie sich die Bioantenne verhält.

Erfahrungsberichte

Magersucht

Junges Mädchen mit Magersucht.

Hilfreiche Energien: Urvertrauen, Erzengel Raphael, Loslassen

Es musste immer wieder ausgetestet werden, da sich der energetische Zustand immer wieder veränderte. Die Energie von Erzengel Raphael war sehr gut, denn sie übermittelt auch die Geborgenheit, die bei Sucht dringend notwendig ist.

Wirbelsäulenverengung

Frau P. hatte starke Schmerzen in der LWS, die auch schon operiert war.

Mit der Energie Narben konnten sich die Narben-Blockaden lösen. Für das WS-Problem wurden Gold und „Stärke leben" eingeschwungen. Nach einiger Zeit ließen die Schmerzen deutlich nach. Eine weitere OP konnte vermieden werden.

Schulprobleme

Ein 11-jähriger Junge, etwas abwesend.

Mit der Energie „Seelenanteile kommen zurück" wurde der Junge wieder aufgeschlossener, fröhlicher und ausgeglichener.

Schmerzen Ilio-Sakral-Gelenk

Herr M. 35 Jahre hat eine Sportverletzung im Ilio-Sakral-Gelenk, die seither mit Schmerzen verbunden ist.

Energien: Gold, 3. Chakra, Loslassen, Stärke leben, Narben.

Herr M. ist völlig schmerzfrei. Er kann sich problemlos bewegen und seiner Tätigkeit nachgehen.

Ängstlichkeit

Ein Mädchen im Alter von 7 Jahren ist in der Schule sehr ängstlich, fühlte sich für alles verantwortlich und konnte schlecht lernen.

Energie: Gold

Wesentliche Besserung der Angst und Unsicherheit.

Zahndurchbruch

14-jähriger Junge. Nach Entfernung der Milchschneidezähne konnten die Zähne durch ihre Lage im Kiefer nicht durchbrechen. Eine Operation war schon geplant.

Energien: Stärke leben, Narben, Loslassen, Saikala.

Die Zähne, die angelegt waren, sind ohne chirurgischem Eingriff durchgebrochen.

Wahl der Energien mit dem kinesiologischen Muskeltest

von Dr. Christa Keding

Ein optimales Instrument für die Wahl feinstofflicher Energien und Essenzen ist der Muskeltest, weil er die Ergebnisse unmittelbar am eigenen Leibe spüren lässt. Vielen ist dieser Test aus der Kinesiologie bekannt, die ein komplexes und vielseitiges Verfahren zur Gesundheitspflege und begleitenden Therapie ist. Der Muskeltest ist, auch unabhängig von der Kinesiologie, ein feinstoffliches Werkzeug, das uns mit Ebenen unseres Un(ter)bewussten in Kontakt bringt.

Energien lassen sich natürlich über eine bewusste Auswahl nach dem Thema wählen, das gerade als passend betrachtet wird. Dabei vergibt man sich jedoch die Chance, unerkannt mitschwingende Themen ebenfalls zu erreichen bzw. sich überhaupt auf andere Aspekte hinweisen zu lassen.

Ideal wäre es, feinstoffliche Resonanzen einfach nur mittels Intuition aufzuspüren, das heißt, Energien intuitiv zu wählen. Aber der Zugang zu dieser Quelle ist im Laufe der Menschheitsentwicklung immer mehr verschüttet worden, und selbst das, was wir manchmal für Intuition halten, ist oft eher emotional überlagert. So sind – zumindest vorübergehend bis zur Wiederentdeckung unserer eigenen Wahrnehmungsfähigkeit – feinstoffliche Übersetzungsmethoden ein geeigneter Weg, die passenden Mittel zu finden.

Um mit dem Muskeltest klare und wahre Ergebnisse zu bekommen, müssen die Gesetze seiner Anwendung beherrscht werden. Das Prinzip ist einfach, doch keinesfalls simpel: Es braucht eine korrekte Technik, die sich mit etwas Übung recht schnell erlernen lässt, und es braucht ein Wissen um die Steuerinstanzen innerhalb des Tests, also Aufmerksamkeit und Bewusstsein.

Die Technik des Muskeltests

Physiologisch basiert der Muskeltest auf der Tatsache, dass alle Skelettmuskeln, am ganzen Körper, ihre Reaktionsweise unter bestimmten Umständen gleichzeitig verändern. Üblicherweise steuern wir diese Muskeln mit dem willkürlichen Nervensystem, das heißt, sie „gehorchen" dem Willen ihres Menschen.

Daneben existiert jedoch noch eine zweite Steuerfunktion der Muskulatur über das autonome, unbewusste Nervensystem. Das reagiert schneller als das willkürliche und ist damit das Handlungssystem bei Gefahr, wo keine Zeit verloren werden darf.

Die autonome Steuerung verfügt, da sie eben nur „automatisch" abläuft, über wenig Variationsmöglichkeiten. In Gefahrensituationen sind nämlich keine komplexen Handlungsmuster gefragt, die wesentlich längere Verschaltungswege im Gehirn beanspruchen, sondern die einfacheren und schnelleren reflektorischen Reaktionen. Also zum Beispiel Weglaufen oder Kämpfen, wenn ich angegriffen werde.

In dem Moment, wo die Wahrnehmungssysteme des Menschen auf Alarm gehen, unterbricht für einen Augenblick das willkürliche Nervensystem die Kontrolle über die Muskelfunktion, um die schnellere autonome Reaktion nicht zu behindern. Wir kennen das von einfacheren Reflexen, zum Beispiel die Hand von der heißen Herdplatte wegzuziehen, ebenso wie von angelernten, verinnerlichten Abläufen, wie das Bremsen beim Autofahren, bevor wir überhaupt „bewusst" registrieren, warum der Fuß auf der Bremse steht.

Die Entkopplung zwischen willkürlichem Nervensystem und Muskulatur dauert nur einen kleinen Moment. Sobald die Situation vom Großhirn erfasst wurde, kann auch dieses sich einschalten und sinnvoll mithelfen – oder dagegen arbeiten: Obwohl Feuer einen Fluchtreflex auslöst, können wir bewusst in ein brennendes Zimmer zurücklaufen, um einen Menschen zu retten.

Dass diese Reaktionsweise nicht nur über den etwas längeren Weg durch die Großhirnrinde zustande kommt, sondern vermutlich über einen zusätzlichen Entkopplungsmechanismus, lässt sich schon deshalb annehmen, weil dieser „Umweg" nur Millisekunden beansprucht, die Reaktionszeit beim Muskeltest jedoch deutlich länger ist. Dieser Umstand erklärt, warum schon innerhalb des Testvorgangs die Getesteten nach einem kurzen Augenblick mit willkürlichem Krafteinsatz wieder „gegenhalten" können.

Diese physiologische Reaktion ist die Basis für den Muskeltest: Wenn der Muskel kurzfristig eine gewünschte willkürliche Handlung nicht ausführen kann, lässt das auf eine offensichtliche oder unterschwellige Gefahr schließen. Woraus sich umgekehrt schließen lässt, dass wir den Muskeltest einsetzen können, um schädliche Einwirkungen auf den Organismus zu identifizieren. Solche schädlichen Reize nennt die Kinesiologie „Stressoren".

Ob wir unseren Muskel nun gewollt steuern können, lässt sich folgendermaßen sehr einfach prüfen: Die zu testende Person hält ihren Arm waagerecht ausgestreckt nach vorn. Der Tester legt seine Hand etwas oberhalb vom Handgelenk auf den Unterarm des Probanden und prüft durch langsam ansteigenden Druck, ob der Arm gehalten werden kann – das Halten ist die beabsichtigte Handlung, die entweder gelingt oder nicht.

Diesen Halteimpuls spürt er an einem „Einrasten" des aktivierten Muskels, das sich für Tester und Proband ein bisschen so anfühlt wie das Einrasten des Sicherheitsgurts im Auto, wenn plötzlicher Zug auf ihn einwirkt.

Das Einrasten (kinesiologisch auch „Sperren" genannt) ist für den Testenden das Zeichen, dass sein Wille bei der Muskulatur angekommen ist, und für das Muskelsystem ist es die Kennung, auf welchen Prüfdruck es sich im weiteren Testverlauf einzustellen hat. Im Idealfall wird das Einrasten vom Tester und dem Getestetem (zumindest aber vom Testenden) gespürt, wenn nicht, ist möglicherweise der Druck zu schwach oder zu kurz.

Wichtig ist beim Test ein sich langsam (2 bis 3 Sekunden) aufbauender Druck, der **keinesfalls ruckartig** erfolgen darf. Ebenso wenig ist Kräftemessen angesagt, da es nicht um Stärke und Schwäche geht, sondern nur um den Nachweis der willkürlichen Muskelkontrolle. Bei ordnungsgemäßem Druck kann der Proband den Arm auch in einer längeren Testserie leicht halten und spürt selbst ebenfalls eindeutig seine Reaktionen.

Dieser Leertest der Haltereaktion ist die Ausgangsgröße. Im Vergleich mit ihr möchten wir erkennen, wie der Organismus auf unterschiedliche Reize antwortet. Bevor man zum eigentlichen Test übergeht, sollte deshalb zuvor auch durch einen eindeutig negativen Reiz geprüft werden, wie sich die neuromuskuläre Entkopplung (= Nicht-Einrasten) bei der jeweiligen Testperson darstellt.

Es gibt Menschen, deren Arm sich beim gleichmäßigen Druck von oben allmählich und kontinuierlich nach unten bewegen lässt, bei anderen fällt der Arm nach der Entkopplung geradezu von allein nach unten.

Um unser Muskelsystem als Anzeigeinstrument zu benutzen, benötigen wir also „eichfähige" Abläufe, d.h. eine genaue Beobachtung, wie die typische Reaktion der Muskulatur erfolgt. Wir brauchen eine Ausgangssituation, in der der Muskel neutral reagiert, sowie eine Reaktionsweise, die Störung oder Stress signalisiert. Dazu eignen sich als Einstieg zwei standardisierte Testbilder, auf die alle Menschen in jedem Lebensalter, allen Kulturen und jeder Lebenssituation gleich reagieren: den so genannten „Smilie" mit dem Lächeln und den „Heulie" mit den heruntergezogenen Mundwinkeln. Bei letzterem registriert der Körper Stress und lässt die Muskulatur entkoppeln, der Testende kann den Arm trotz Halteversuch ohne Gewalt nach unten drücken.

☺ ☹

Ist der Unterschied zwischen „eingerastetem" Arm und „entkoppeltem" bzw. an- oder abgeschaltetem Muskel eindeutig, kann der eigentliche Test beginnen, indem der Proband verschiedenen Reizen ausgesetzt wird, in unserem Fall einer Auswahl von bestimmten Energien (z.B. energetisierte Essenzen).

Nun passt es nicht so wirklich zu spirituellen Essenzen, dass sie gegebenenfalls „Stress" auslösen sollen, damit der Arm nachgibt. Um die Wahl geeigneter Mittel per Muskeltest nachzuvollziehen, müssen wir das Verständnis für die Funktionen des Tests noch ein wenig erweitern.

Würde der Muskeltest nur auf Gefahr reagieren, wäre sein Einsatzspektrum äußerst eingeschränkt. Erfreulicherweise aber lässt sich der Muskeltest über die rein physiologische Grundlage hinaus bewusst programmieren. Damit nutzen wir dann unsere Körperintelligenz und funktionieren den Muskeltest zu einem Indikator um, der unserer Intention folgt. Dieses kann auf zweierlei Weise geschehen, nämlich durch die Vereinbarung von Suchkriterien oder in einem ausformulierten Dialog.

Der Dialogtest

Jeder, der schon einmal den kinesiologischen Test erlebt hat, dürfte den verbalen Test kennen. Da werden Fragen gestellt, und die Reaktion des Muskels zeigt an, ob das Un(ter)bewusste des Probanden mit Ja oder Nein antworten möchte. Oder es werden Aussagen formuliert, bei deren

Bestätigung der Arm stark bleibt bzw. bei Negation nachgibt.

Sofern Fragen gebildet werden, sind weder „Ja" noch „Nein" Stress (ein Nein ist nicht weniger wert oder schädlicher als ein Ja), so dass wir mit dem Unterbewusstsein die Bedeutung seiner Reaktion absprechen müssen.

Der Auftrag geschieht oft automatisch, weil die Testenden einen starken Arm als Ja logisch empfinden und diese Einstellung in den Test einfließen lassen. Aber es funktioniert auch umgekehrt, der Körper „gehorcht" selbst dann, wenn Sie wollen, dass der Arm beim Nein hält und beim Ja nachgibt. Der Muskeltest fungiert hier nicht mehr als physiologische Stressor-Reaktion, sondern als ein **Indikator**, der von der Körperintelligenz gesteuert wird.

Beim Dialog per Muskeltest fassen wir in Worte, was Psyche oder Körper sagen würden, wenn sie direkt zu uns sprechen könnten, und dabei kommunizieren wir üblicherweise mit inneren Ebenen, die unserem Tagesbewusstsein nicht zugänglich sind. Auf diese Weise lassen sich Rückversicherungen einholen zum Testverlauf („Wir sind auf dem richtigen Weg..." oder „Wir brauchen noch etwas..."), ebenso lassen sich

Dosierungen austesten oder Anwendungsmodalitäten.

Daneben gibt es eine immer wiederkehrende typische Funktion des Muskeltests, mit der wir keine Stressoren suchen. Wie oben schon gesagt, wenn der Testarm nur bei Schädlichkeit (= Gefahr) nachgeben würde, dürfte er sicherlich bei keiner einzigen harmonisierenden Essenz nachgeben, selbst wenn sie zum gesuchten Zweck gerade nicht in Frage kommt.

Zu jedem Mittel wiederum komplexe Aussagen zu formulieren, ist aufwendig, anstrengend und für Fehler anfällig. Die Verknüpfung von beiden Muskeltestfunktionen in Form eines „Rastertests" ist da die optimale Lösung. Das Raster wird sozusagen durch einen vorgeschalteten Dialog bzw. Auftrag festgelegt, womit wir dann beim Test der Energien prinzipiell vorgehen wie beim Stressor-Test (also ohne bei jeder einzelnen Substanz etwas zu formulieren), aber zuvor durch Ansprache des Unterbewusstseins die gewünschte Reaktionsweise vereinbart haben.

Der Rastertest

Der Rastertest legt sozusagen ein freiwilliges Suchprogramm über die physiologische Testfunktion. Wir geben unsere Intention, mit der wir an den Test herangehen, als Suchkriterium schon zu Beginn des Tests vor, erteilen also dem Un(ter)bewussten den Auftrag, von vornherein alle Substanzen nach unserer Absicht zu selektieren. „Etwas" in der Körperintelligenz versteht, wonach gesucht werden soll, und setzt gehorsam den Befehl für die gesamte Testserie um.

Der Test könnte dann beispielsweise so ablaufen: Die (vorab ausgesprochene) Testvorgabe lautet: „Der Arm bleibt stark bei den Energien, die für die untersuchte Person (oder für ein Thema) hilfreich sind – bei denen, die jetzt nicht geeignet sind, gibt er nach." Damit ist das Suchkriterium „hilfreich" – es könnten auch andere Vorgaben in Frage kommen wie „optimal" oder „notwendig".

Nachdem das Suchraster definiert ist, nimmt die getestete Person eine Essenz nach der anderen in die Hand. Kann der Testarm gehalten werden, ist die Energie geeignet; gibt er nach, passt sie zur Zeit nicht.

Vereinfachen lässt sich das praktische Testvorgehen, indem ein ganzer Kasten mit Essenzen auf den Körper gelegt wird: Sofern etwas Hilfreiches enthalten ist, bleibt der Arm stark. Um die Essenzen schneller einzukreisen, wird die Hand als feinstofflicher Sensor über eine Reihe von Fläschchen gelegt – wieder bleibt der Muskel stark, wenn unter der Hand eine geeignete Essenz liegt. Andere Sektoren fallen von vornherein durch schwachen Muskel heraus, so dass nur die wenigen Fläschchen einzeln geprüft werden müssen, die unter der positiv getesteten Hand lagen.

Als abschließender Schritt lassen sich über den Dialog per Muskeltest die Anwendungsformen und Dosierungen austesten, sofern man ihnen nicht intuitiv folgen möchte oder kann.

Dabei bleibt der Arm bei der zutreffenden Formulierung jeweils stark (+), bei nicht zutreffenden gibt er nach (-), z.B.:

„Eine Essenz soll eingenommen werden"	+
„Sie soll auf Chakren gelegt werden"	-
„Mit ihr soll meditiert werden"	+
„Sie soll in die Aura gefächelt werden"	-

Für die Einnahme lässt sich der Dialog fortsetzen:

„Pro Einnahme brauchen wir
mehr als 5 Tropfen" –
„Wir brauchen weniger als 5 Tropfen" +
„Wir brauchen mehr als 3 Tropfen" –
„Wir brauchen genau 3 Tropfen" +
„Je 3 Tropfen sollen mehrmals täglich
genommen werden" +
„Mehr als zweimal täglich" –
„Zweimal täglich ist optimal" +

Also soll die Essenz zweimal täglich zu je 3 Tropfen eingenommen und außerdem zur Meditation eingesetzt werden. Ebenso lässt sich natürlich die Einnahmedauer festlegen, die Art der Meditation und vieles Ähnliche – aber Vorsicht vor allzu vielen Tests, lasst auch Platz für Eure Intuition!

Nun sieht der Muskeltest auf den ersten Blick genial einfach aus und damit verlockend, ihn „mal eben schnell" aus dieser Kurzanleitung auch für andere Lebensbereiche zu übernehmen. So einfach sein Prinzip ist, so anspruchsvoll sind aber die dahinter liegenden Steuerinstanzen.

Schon aus dem Dialog und der Raster-Suchfunktion zeigt sich, dass unser Bewusstsein letztlich das Feld aufbaut, in dem der Test am Ende nur ein Zeiger ist. Auch wenn es schon eine Reihe von Erfahrungen und daraus resultierenden Hypothesen gibt, so ist immer noch nicht eindeutig klar, wann welche Instanzen im Test „antworten".

Einflüsse mischen sich dort vom Unterbewusstsein des Getesteten, vom kollektiven Unbewussten, vom Objekt des Testes an sich (also der Essenz), von unserer inneren Führung – aber auch von Wissen und Intention des Testenden. So kommt es gar nicht selten vor, dass Überzeugungen des Testenden in das Ergebnis einfließen, die ihm oft noch nicht einmal bewusst sind, wodurch schlimmstenfalls grobe Verfälschungen entstehen können.

Beim Austesten von Essenzen dürften solche Übertragungen eher unwahrscheinlich sein, weil eine Voreingenommenheit für die eine oder andere Energie keinen wirklichen Sinn macht. Um den Test jedoch bestmöglich und zum Wohle aller Beteiligten einzusetzen, empfiehlt es sich, ein paar Grundbedingungen einzuhalten:

- Physiologisch korrekte Testtechnik – falsche Technik ist der Anfängerfehler Nr. 1 beim Muskeltest!

- Unvoreingenommenheit und Offenheit gegenüber dem zu erwartenden Ergebnis – Übertragung (unbewusster) Überzeugungen ist der zweithäufigste Fehler.

- Freiheit von Eigeninteressen – Eigeninteresse ist niemals unvoreingenommen.

- Wohlwollen und Achtsamkeit gegenüber der getesteten Person – das versteht sich eigentlich von selbst.

- Klare, entspannte Aufmerksamkeit – sie ist die beste Voraussetzung, um offen und selbstreflektiert in Kontakt zum Gegenüber und in den Test zu gehen.

Da der Muskeltest vermutlich aus derselben Quelle gespeist wird wie unsere Intuition oder zumindest mit ihr in sehr engem Kontakt steht, ist er ein überzeugendes und ideales Instrument, um uns Schritt für Schritt wieder mit unserem eigenen inneren Wissen und unserer Wahrnehmungsfähigkeit vertraut werden zu lassen.

Am besten hat sich der Muskeltest bewährt, wenn er sich am Ende selbst überflüssig gemacht hat.

Wie finde ich die richtige Energie mit EAV und Bioresonanz?

von Claudia Blum

Um herauszufinden, welche Energie für eine Person gerade hilfreich ist, können auch technische Testverfahren eingesetzt werden. Bewährt haben sich z.B. die Bioresonanztherapie oder die Elektroakupunktur nach Dr. Voll und davon abgeleitete Verfahren. Diesen Methoden ist die Messung elektromagnetischer Schwingungen gemeinsam. Elektromagnetische Schwingungen liegen allen biologischen Vorgängen zugrunde. Auch Substanzen besitzen ein ihnen spezifisches Schwingungsmuster.

Die Elektroakupunktur nach Dr. Voll

Die traditionelle chinesische Medizin (TCM) geht davon aus, dass die Lebensenergie Qi Grundlage jeglicher Substanz ist und allem Lebendigen innewohnt. Dieses Qi zirkuliert in einem energetischen Netzwerk von Kanälen, den sogenannten Meridianen, um den Körper.

Auf diesen Meridianen befinden sich die Akupunkturpunkte. Diese sind meist ein bis mehrere Millimeter unter der Haut. Nur an bestimmten Stellen treten sie dicht unter die Hautoberfläche.

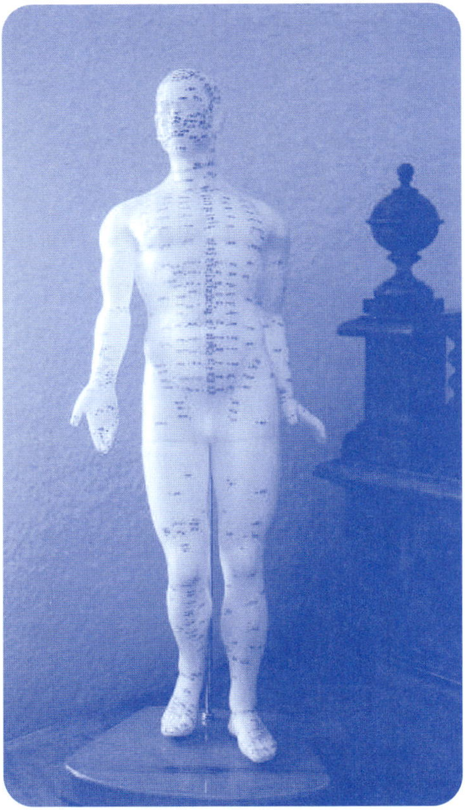

Die chinesische Medizin kennt 12 Hauptmeridiane und 8 Sondermeridiane. Die Hauptmeridiane sind im inneren Verlauf mit den Organen und im äußeren Verlauf mit den Extremitäten und

Gelenken verbunden. Diese Meridiane sind gekoppelt und bilden einen Kreislauf. Die Sondermeridiane sind keinem Organ zugehörig. Sie verlaufen unpaarig und bilden keinen in sich geschlossenen Kreislauf.

Feingewebliche Untersuchungen zeigen, dass an Akupunkturpunkten gehäuft Nervenbündel zu finden sind, ebenso Perforationen, durch die Gefäß-Nervenbündel hindurchtreten. Insofern sind diese Punkte auch bedeutsam für die Diagnose, da sie die energetische Situation des Körpers widerspiegeln.

Bei der Elektroakupunktur werden keine Nadeln verwendet. Hier werden die Punkte mit einem sehr schwachen Gleichstrom gemessen. An den Akupunkturpunkten sind die elektrischen Werte gegenüber der sie umgebenden Haut verändert. Sie weisen einen niedrigeren, bis zu 85% geringeren elektrischen Hautwiderstand auf.

Die Messwerte werden auf einer Skala von 0 bis 100 angegeben. Je nachdem, wie hoch oder niedrig ein Wert ausfällt, bzw. ein Zeigerabfall entsteht (der Wert steigt an und sinkt dann wieder ab), lassen sich Rückschlüsse auf die Funktion der Organe schließen. Anhand der Messergebnisse lässt sich erkennen, welche Organe bzw.

Organsysteme gesund sind oder sich in einer entzündlichen bzw. degenerativen Phase befinden.

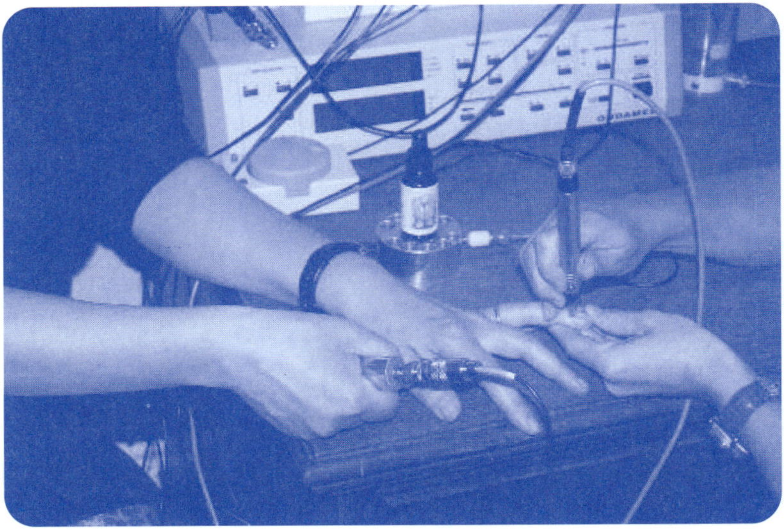

Für die Messung wird eine Elektrode in einer Hand gehalten, und an der anderen Hand werden bestimmte Punkte mit einer zweiten Elektrode gemessen.

Eine fundamentale Entdeckung der Elektroakupunkturmethode ist die Möglichkeit der Testung von Mitteln und Substanzen. Hierzu wird die betreffende Substanz mit in den Messkreis geschaltet. Sofern es sich um das passende Mittel handelt, zeigt sich, dass sich der zuvor ungünstige Messwert verbessert. Diese positive Veränderung kann bis zum Normwert gehen. Wir haben hiermit ein schnelles, feinstofflich genaues und schmerzfreies Diagnoseverfahren an der Hand.

Das Bioresonanz-Verfahren

Eine weitere Bereicherung für die tägliche Arbeit stellt das Bioresonanzverfahren dar, das sowohl für die Diagnosestellung als auch direkt zur Therapie eingesetzt werden kann.

Dank der technischen Funktionen des Bioresonanzgerätes stehen uns erweiterte Möglichkeiten der Diagnostik zur Verfügung. So ist es beispielsweise möglich, eine Essenz sowohl in ihrer Originalschwingung, als auch potenziert zu testen. Hierzu verfahren wir ähnlich wie bei der Testung mit der EAV, nur werden Schritt für Schritt die einzelnen „Potenzierungen" ausgetestet. Dies ist vergleichbar mit dem Auffinden der richtigen Potenz in der Homöopathie.

Die Bioresonanztherapie geht davon aus, dass der menschliche Körper von einem elektromagnetischen Feld durchdrungen und umgeben ist, das alle biologischen Vorgänge steuert. Aufgrund dieser Bedeutung elektromagnetischer Schwingungen in allen biologischen Systemen, sowie der Tatsache, dass der Kontakt mit den getesteten Substanzen die Messwerte an den Akupunkturpunkten beeinflussen, liegt es nahe, dass der menschliche Körper mit diesen in Resonanz geht und darauf antworten kann.

Das individuelle Schwingungsspektrum des Menschen kann sich allerdings auch durch belastende Faktoren ändern, die vom Körper als Streß angesehen werden, beispielsweise Vergiftungen, Schwermetallbelastungen, tote - oder wurzelbehandelte Zähne, geopathogene Belastungen, Allergene u.v.m. Energetisierte Essenzen können hier einen sinnvollen Beitrag leisten.

Engel und Meister

Jesus

„Die Reinheit des Herzens
und die wahre Liebe des Seins
werden über alle Wesen kommen."

Die Jesus Energie kommt zu euch, um die kosmische Liebe zu verbreiten. Diese Liebe ist eins mit allem, mit den Tieren, den Pflanzen und mit dem Kosmos. Jesus hilft euch, eure Herzen für euch selbst zu öffnen.

Denn wenn du dein Herz für dich geöffnet hast, entsteht Frieden in deinem Leben, und dieser Frieden geht in alle Bereiche deines Lebens. Dieser Frieden trägt dazu bei, dass du annehmen kannst, er erlöst Ängste und lässt dich eins werden in der Partnerschaft mit dir selbst.

Sai Baba

„Lass alles los und komm zu Gott.
Er kann dir Befreiung geben."

Die Sai Baba Energie bringt euch zu dem, was ihr Menschenkinder schon immer seid: göttliche Wesen. Das Göttliche in dir ist in jeder Zelle gespeichert und pulsiert darin. Du kannst dich tief mit dieser Göttlichkeit verbinden.

Die Sai Baba Energie hilft dir, deine göttliche Kraft zu befreien und zu leben. Du wirst in jedem anderen Lebewesen Gott sehen. In der Stille erkennst du Gott in dir. Und diese Stille bringt dich in die Achtsamkeit. So kann diese Energie dir helfen, dich vegetarisch zu ernähren und achtsam mit allen Lebewesen und deiner Umwelt umzugehen.

Erzengel Michael

„Entdeckst du die Klarheit in dir,
beginnt der Weg der Liebe.“

Deine Seele ist voll göttlicher Klarheit. Nimm wieder Kontakt auf mit dieser Klarheit. Der Prozess des Lebens beginnt in absoluter Klarheit und endet in absoluter Klarheit. Und in dieser Kraft verbindest du dich mit dieser Michael Energie. Wenn du Erzengel Michael bittest, Klarheit in dein Leben zu bringen, so geschieht dies.

Viele Situationen in eurem Leben, in denen ihr euch immer tiefer mit euch selbst verbindet und euch spürt, bringen die Klarheit hervor. Klarheit bedeutet, dass ihr euch selbst achtet, euer Herz sprechen lasst und eure Energie der Liebe - verbunden mit der Seele und mit dem Körper - aktiviert.

Erzengel Gabriel

„Das Sein der Liebe ist Wahrhaftigkeit.
Diese Wahrhaftigkeit des Herzens ist da,
wenn du das Sein erkennst.
Du kannst dein Leben in dieser Gnade leben."

Die Energie von Gabriel ist für die Gnade. Gnade in jedem Augenblick deines Lebens. Sei gut zu dir, zu deiner Seele, zu deinem Körper und trage die Verantwortung dafür.

In allem, was passiert, bleibe in deinem Herzen, ohne zu urteilen. Das ist Gnade. Die Kraft der Gnade ist ein wichtiger Baustein für deinen Aufstieg. Erzengel Gabriel bringt dich zurück in deine Gnade. Dadurch kannst du mehr und mehr die Vorstellungen loslassen, wie alles im Leben zu sein hat. Du kannst die Gnade des Lebens annehmen, wie sie ist – in ihrer Fülle und Vollkommenheit.

Erzengel Raphael

„Die Wahrheit des Herzens
bringt dich zu Gott."

Liebe ist immer authentisch. Und der Weg der Liebe ist der authentische Weg. Nichts bleibt verborgen. Alles darf ausgesprochen, gespürt werden. Und wenn wir das tun, wird alles in uns geheilt. Das ist die Kraft, die Erzengel Raphael mitbringt.

Es geht darum, dein volles Potenzial der authentischen Liebe auf die Erde zu bringen, um in allem Gott zu erfahren. Das ist die Tiefe, die in deinem Herzen verankert ist. Traue dich, dieser Tiefe zu vertrauen und übergebe ihr dein Leben. Das ist Freiheit.

Erzengel Sachiel

„Die Kraft der Trauer ist,
das Leben wieder zu spüren."

Wenn du bei dir ankommst, ist jedes Sterben eine Befreiung. In dir stirbt in jedem Atemzug das Alte und das Neue darf kommen. Wenn du dies erfährst, wirst du spüren, dass das ganze Leben ein ständiges Loslassen, Sterben und Neubeginnen ist. Das ist der Kreislauf der Erde und des Wandels.

Erzengel Sachiel hilft dir und unterstützt dich, um Trauer zu verarbeiten. Traue dich, den neuen Schritt zu wagen und gehe mutig voran. Du darfst dich trauen zu trauern, denn wenn du dich spürst, geschieht die größte Heilung. Lass dich ganz ein auf dein Leben und in jedem Atemzug bist du frei.

St. Germain

„Wenn dein Herz offen ist,
trägt dich das Licht deines Herzens."

Die Energie von St. Germain hilft dir, dich von alten Ängsten zu befreien, um mehr und mehr die Kraft deines Lebens zur Verfügung zu haben. Du kannst dich auf die Kraft des Kosmos in dir verlassen. Und dadurch entsteht ein Vertrauen in alles was du tust, fühlst und denkst. Es ist wichtig, die Bewegung zuzulassen und dann verstärkt sich das Vertrauen zu dir selbst.

Ihr seht viele Geschehnisse in eurem Leben als eine Prüfung von uns, die wir euch gar nicht geben. Ihr erschafft euch so viele Geschehnisse selbst, damit ihr daran wachst und viel tiefer mit eurer Seele in Kontakt kommt. St. Germain hilft euch, das kosmische Urvertrauen in euch wieder zu erwecken.

Johannes

„Die göttliche Quelle
ist das endlose sprudelnde
Bewusstsein des Kosmos."

Wenn du deinen Ängsten offen und ehrlich begegnest, lösen sie sich auf. Die Kraft hinter der Angst kannst du nutzen, um ihr in Liebe zu begegnen und mit ihr zu wachsen. Dann ist sie dein Freund und erlöst ganz viele Ängste in dir.

Wenn du bereit bist, den Weg ohne Ängste vor dir selbst, vor deiner Kraft zu gehen, offenbaren sich der Kosmos und die Erde in ihrer vollsten Größe und Klarheit.

Die Energie von Johannes hilft dir, deinen Ängsten in die Augen zu sehen und kraftvoll daran zu wachsen, denn diese Kraft, die daraus fließt, ist der Strom der Liebe in deinem Herzen.

El Morya

„Die Kraft der authentischen Kommunikation bringt dich auf die Erde."

Jede Zelle deines Körpers kommuniziert mit allen anderen. Jedes Chakra deines Körpers kommuniziert mit allen anderen. Und diese Kraft der Kommunikation zu nutzen, bringt dich in die Kraft des Kosmos. Die Energie von El Morya erlaubt dir, immer tiefer aus dem Herzen heraus zu kommunizieren.

Kommunikation schafft Verbindung. Kommunikation aus dem Herzen heraus ist die Bedingung zum Frieden. Und je achtsamer du umgehst in deiner Kommunikation und die Kraft der Worte nutzt, um so friedvoller wird es in deinem Leben und auf der Erde. In dem Moment, in dem du dich traust, ganz du selbst zu sein in der Kommunikation, entsteht ein Miteinander zwischen Kosmos und Erde durch dich. Fange an und begreife dein Licht.

Nirdosh

„Das große Licht deiner Seele ist die Kraft,
die Kosmos und Erde verbindet."

Diese Kraft, die entsteht, wenn du bedingungslos liebst, ist die Freiheit. Die Nirdosh Energie lässt dich spüren, dass du frei bist von Schuld. Deine Seele, die sich durch deinen Körper manifestiert hat, ist frei von jeglicher Schuld, und das darfst du annehmen, dass du aus freiem Herzen lieben darfst, um die Schönheit des Lebens zu erfahren.

Schuld entsteht durch unerlöste Angst. Doch wenn du in Klarheit mit allem bist, wandelt sich die Angst in Liebe, und die Schuld löst sich auf. Jede Zelle deines Körpers ist frei von Schuld. Genieße deine Kraft auf der Erde.

Babaji

„Die göttliche Kraft ist da.
Heiße sie willkommen."

Die Energie von Babaji verbindet dich mit deinem eigenen Potenzial, mit der tiefen Kraft deines Herzens. Sie schenkt dir die Freiheit über dein Leben. Wenn du loslässt und dein Leben Gott übergibst, ist dein Leben ein Fest. Und dieses Fest kannst du in jedem Atemzug feiern.

Du bist aus der Kraft der Liebe geboren. Mit Babaji empfängst du die Kraft der Liebe wieder, um Gott in allem und in dir zu spüren. Du darfst dich freuen auf ein Leben mit Gott in dir. Die Verbindung ist da. Trau dich, diese zu leben.

Kuthumi

„Die Wahrheit deines Herzens ist,
in jedem Atemzug in Klarheit zu sein."

Die Energie von Kuthumi lässt dich ganz auf der Erde ankommen, lässt dich allem auf der Erde in Liebe begegnen, und du darfst dich ganz trauen, in diesem Vertrauen zu sein. Das Leben anzunehmen, bedeutet, dass du dir vertraust, und Kuthumi bringt dich in das Vertrauen.

Deinen Körper als Einheit von Kosmos und Erde zu fühlen, ist die Kraft deines Lebens. Komme an auf der Erde. Der Kosmos und die Erde heißen dich in jedem Atemzug willkommen.

Orion und Angelika

„In dem Moment,
wo du die Stille deines Herzens fühlst,
bist du angekommen."

Die Energien von Orion und Angelika bringen Ruhe und Gelassenheit in dein Leben. In dieser Zeit des Umbruchs, des Neubeginns, der großen Veränderungen für deinen Aufstieg unterstützen sie dich, dein Lebenswerk zu manifestieren.

Du darfst dich dir bedingungslos hingeben und aus dieser Kraft und der Freude erstrahlen. Du bist aus der Einheit geboren und jede Zelle deines Körpers trägt die Information der Einheit in sich. Und diese Einheit kennt diesen Augenblick. Lebe den Augenblick und sei immer im Jetzt, dann erfährst du dein wahres Leben auf der Erde in seiner ganzen Fülle.

Maria

„Die Schönheit in dir ist unendlich.
Diese Schönheit bringt den Frieden zu dir."

Wenn du deine Schönheit auf der Erde wieder lebst, ist die Kraft des Lebens da. Und diese Kraft lässt dich in deine Reinheit kommen. Die Energie von Maria begleitet dich mit ihrer bedingungslosen Liebe und legt ihre schützende Energie um dich herum, dass du die friedvolle und reine Liebe in dir erkennen kannst.

Die Kraft von Maria bringt dich in einen Raum der Stille, wo alles ist, und du dir selbst in deiner Schönheit begegnen kannst. Fang an und lebe dein Leben mit allem, was dir Gott mit auf den Weg gegeben hat.

Shiva

„In der Einfachheit
spürst du göttliche Liebe in dir."

Die Energie Shivas erneuert das Alte. Die alten festgefahrenen Krusten aufbrechen zu lassen, um die Einfachheit wieder zu erkennen. Shiva bringt dir Klarheit, um dich ganz tief auszusöhnen mit der Kraft Deines inneren Mannes – deiner männlichen Energie. Dass du in Kontakt kommst mit der wahren Energie und in deinem Körper ganz präsent bist, dass du diese männliche Kraft nicht mehr mit Macht verwechselst, sondern jedem Erdenkind mit Liebe begegnest.

Shiva bringt dir Gelassenheit in deinem Leben, dass sich die Klarheit und Einfachheit entfalten können in deiner Partnerschaft und in der Beziehung zu dir selbst. Er schafft Frieden in deiner Sexualität.

Shakti

„Die kosmische Liebe ist die Kraft,
aus der alles entsteht."

Die Energie von Shakti ist deine Gefährtin, deine innere Frau, die weibliche Energie, die im ganzen Kosmos wirkt. Lass dich auf die Reise ein, tief mit dieser weiblichen Kraft in Kontakt zu treten – Frieden zu schließen. Tanze den Tanz deiner inneren Frau auf der Erde und schließe Frieden mit dieser göttlichen Kraft.

Shakti gibt dir Vertrauen, Geborgenheit und Liebe zu deinem Körper, dass du die Verwurzelung mit der Erde wieder erfährst. Die empfangende Energie und das Leben auf die Erde zu bringen, ist ein so großes kosmisches Geschenk. Erkenne die Kraft, die in dir ist.

Buddha

„Glückseligkeit ist der Weg für alle Lebewesen.
Glückseligkeit ist Erleuchtung im Herzen."

Die Energie von Buddha bringt die Leichtigkeit, den tiefen Frieden und die Glückseligkeit zu dir zurück. Dass du alles aus dem Herzen leben kannst, ist der Beginn, deine Wahrheit auf der Erde zu leben. Die Einheit in dir zu erfahren, lässt dich heil werden. Mit dem Heilwerden trägst du die Verantwortung für dich und deine Handlungen. Und du darfst die große Glückseligkeit, die du daraus erfährst, wirklich auf der Erde leben.

Wenn du traurig bist,
dann feiere deine Trauer.
Wenn Schmerz da ist,
dann feiere deinen Schmerz.
Wenn Liebe da ist,
dann feiere deine Liebe.
Das ist die Essenz.
Dort wo du stehst, stärkt sie dich.
So werdet ihr alle zu Buddhas.

Die Freiheit

„Frei, wie der Wind.
Diese Freiheit ist da,
wenn du den Wind
tief in dich eindringen lässt."

Die Energie der Freiheit bedeutet, dich auszudrücken in allem. Ausdruck deiner Seele, Ausdruck deines Körpers. Wirklich dich in der Freiheit wahrzunehmen, ist ein sehr großes Geschenk. Die Freiheit lässt dich wahrnehmen, wo du noch Ängste hast, wo die Suche noch nicht aufgehört hat, und wo noch Verletzungen in dir sind.

Freiheit bedeutet, den Raum der Kontrolle zu verlassen. Dich ganz dem Göttlichen zu übergeben, und aus dieser Kraft wirst du neu geboren. Freiheit ist, die Geborgenheit des Kosmos auf der Erde zu fühlen. Und wenn du dies erfährst, ist das ein Moment, in dem alle Erwartungen zerbrechen, die du an dich und an dein Umfeld stellst.

Sonnenengel

„Das Herz der Freiheit ist,
bedingungslose Liebe
auf der Erde zu teilen."

Die Energie des Sonnenengels bringt dir die Wärme ins Herz, die du brauchst, um dein ganzes Potential auf der Erde zu manifestieren. Sie bringt dir Licht in dein Leben, und du erhältst die Kraft, dir authentisch zu begegnen, mit allem was ist.

Du darfst die Veränderung zulassen, die dir der Sonnenengel bringt in deinem Leben. Die Kraft deines Lebens ist die Kraft deines Herzens und die Kraft deines Herzens ist die Kraft des Vertrauens. Der Sonnenengel erweckt dich wieder zum Leben und teilt mit dir die bedingungslose Liebe. Du bist aus der göttlichen Energie entstanden. Der Sonnenengel bringt dich wieder tief in Kontakt mit deiner göttlichen Energie.

Kamasha

„In der Einheit ist die Stille,
und der Frieden ist immer da."

Alle Aspekte der Engel und Meisterenergien schwingen für dich. Du darfst dich ganz darauf einlassen, die Kraft der Einheit, die immer schon in dir ist, wieder zu leben. Diese wundervolle Kraft, die dadurch entsteht, lässt dich ankommen auf der Erde und Frieden schließen mit dem Kosmos und der Erde.

Die neunzehn verschiedenen Energien der Meister und Engel sind dir behilflich, deinen Weg zu finden und die Kraft deiner Seele mit ihrem vollen Potenzial in deinem Körper zu empfangen. Trau dich, diese Kraft anzunehmen und sei wie ein Kind, frei und ohne Ängste.

Nektar der Glückseligkeit

„Die Vollendung
ist die Erleuchtung im Herzen."

Nektar der Glückseligkeit bedeutet: „Von der Liebe getragen, von der Liebe eingehüllt zu sein." Pure Energie von Liebe durchströmt jede Zelle deines Körpers – Liebe ist die Kraft, die dich immer zu dir selbst zurückbringt. Liebe heilt alles so, wie es für dich richtig ist.

Alle Masken, die du dir zum Schutz aufgesetzt hast, kannst du nun fallen lassen; denn Glückseligkeit lässt keine Spiele und keine Masken zu.

Hier kommen alle lichtvollen Energien zusammen in diesem Nektar der Glückseligkeit; deshalb ist es von großer Wichtigkeit, dass dieser Nektar nur von dir benutzt und eingesetzt wird. Er bringt dich in deinen ureigenen Raum, in deinen Herzensraum, wo alles ist und wo alles geschehen darf. Nimm dieses Geschenk mit Freude entgegen und trage es bei dir.

Der Kosmos

Die Sonne

„Die Strahlen der Sonne
sind Liebe und Wärme
aus dem Kosmos,
nur für dich."

Die Energie der Sonne bringt Gelassenheit, Wärme und Freiheit in dein Herz zurück. Dass du wieder beginnst, das Leben als eine Einheit zu sehen und das Leben zu genießen. Der Sonnenstrahl gibt dir die Möglichkeit, Licht in alles hinein zu bringen. Denn in allem existiert das Licht.

Du bist aus dem Licht geboren, und jeder Sonnenstrahl beruhigt dich und gibt dir Vertrauen in den Kosmos. Ihr seid alle verbunden mit dem Strahl der Sonne, deshalb gebt jeder neu angekommenen Seele diese Kraft, die aus dem Strahl der Sonne kommt.

Die Erde

„Die Schönheit der Erde
ist für alle Lebewesen ein Geschenk."

Diese Energie lässt dich tief in Kontakt kommen mit der Erde und mit der Kraft der Erde. Denn die Erde gibt dir die Möglichkeit, dich zu entfalten und zu entwickeln.

Die Heilkraft der Erde ist voll von Schönheit, Liebe und Vertrauen, und diese Kräfte kannst du nutzen, um in der Einheit mit der Erde zu sein. Ihre Energie will sich dir schenken, du kannst jetzt dein Dasein hier auf der Erde ganz annehmen. Die Erde gibt euch den größten Schutz und Sicherheit für euer Leben.

Das Feuer

„Das Leuchten des Feuers ist in dir,
du brauchst es nur zu entzünden."

Die Energie des Feuers ist dein innerer Antrieb, dein Energie-Potenzial. Sie hilft dir, wenn du häufig müde bist, kalte Hände und Füße hast oder wenn dir das Sexualfeuer fehlt.

Die Qualitäten des Feuers sind Wärme, Freiheit, Lust und Klarheit. Bist du bereit, das leuchtende Feuer in dir zu sehen? Dann gehe jetzt durch das Feuer, werde zu dem Feuer, und dein Leben wird sich verwandeln.

Die Luft

„Der wahren Liebe
folgt das Sein des Erwachens."

Die Energie der Luft weckt deine Liebe zum Kosmos und zu allen Engeln des Seins. Ohne diese All-Liebe haben deine Fähigkeiten keine Bedeutung. Erkennst du dies, so können der Kosmos und die All-Liebe tief in dich eindringen.

Die Kraft des Kosmos ist Klarheit, bedingungslose Liebe und Wachheit. Du wirst durch deine Atmung mit dem Strom des Kosmos verbunden. Du bist ein Teil des Kosmos. Erspüre deinen Körper als Teil des Kosmos.

Das Wasser

„Die Quelle,
ein Glanz der Göttlichkeit,
wird zum Fluss.“

Die Energie des Wassers hilft dir, deinem Gefühl in Liebe zu begegnen und sie trägt dich aus dem Schmerz in die Freiheit. Du kannst dich viel mehr auf das Leben einlassen und die Verbindung zur Erde wird viel stärker.

Wenn dein Leben ins Stocken gerät, zeigt dir die Energie des Wassers viele Möglichkeiten auf, dein Leben neu zu beginnen. Sie entspannt dein Leben und lässt dich immer an dem Ort ankommen, wo du gerade bist. Sei frei wie das Wasser, es lässt sich nirgendwo aufhalten, und es kommt überall hin. Es ist mal stark oder schwach, mal klar oder trüb, aber es fließt immer.

Das Metall

„Das Eisen ist stark und hart,
doch in der Glut des Feuers
ist es strahlend und klar."

Die Energie des Metalls gibt dir Kraft und Stärke. Sie lässt dich erschaffen, in Schönheit und Klarheit das Meisterwerk deines Lebens erschaffen, deine Träume verwirklichen und dass du mit der Tiefe des Lebens in Kontakt kommst, um die Kraft des Lebens zu erfahren.

Das Metall lässt die äußere Schale durchbrechen und bringt den wahren göttlichen Kern zum Vorschein. Stärke entfaltet sich auf allen Ebenen, in deiner Seele, in deinem Geist und in deinem Körper. Und in dieser Stärke gewinnst du den Mut, dein Leben anzuschauen und in der Lebendigkeit der göttlichen Kraft zu leben.

Getragen sein auf der Erde

Atomare und Elektrostrahlung

„Die Energie ist grenzenlos,
doch nur die kosmische Energie
enthält die ganze Reinheit und Liebe."

Ihr werdet mit vielen Einflüssen und Schwingungen konfrontiert. Von allen Seiten strömen Energien und Strahlungen auf euch ein. Das kann euch schwächen, wenn ihr euch nicht mit der kosmischen Energie verbindet.

Kosmische Energie ist der beste Schutz für die Aura, den ihr euch vorstellen könnt; denn die kosmische Energie kommt direkt aus der göttlichen Quelle. In der grenzenlosen Stärke der Ursprungsenergie gibt es keinen Platz mehr für Gefahren. Du darfst die Angst loslassen und wieder die Reinheit und Liebe in dir spüren. Und du darfst allen mit dieser Liebe begegnen, die noch nicht die Liebe in sich zulassen können.

Wasseraufbereitung

„Der Teich,
eine Liebe der Natur
für dich.“

Wasser ist der Quell des Lebens und trägt viel Wissen in sich. Die Energie lebendigen Wassers wirkt wohltuend auf alles, mit dem sie in Berührung kommt, auf Pflanzen, Tiere und Menschen. Wasser ist Reinheit, Sanftheit und Kraft.

Dein Leben wird zu einem Fluss, wenn du dich mit der Energie lebendigen Wassers verbindest. Alles, was ins Stocken geraten ist, beginnt wieder zu fließen, Hindernisse lösen sich auf. Du kommst auf eine höhere Schwingungsebene, und alles wird in strahlendes Licht getaucht.

Lichtenergie Auto

„Der grenzenlose Kosmos ist immer da.
Er hat keinen Anfang und kein Ende."

Diese Energie soll dir die Grenzenlosigkeit des Kosmos aufzeigen. Alles, was existiert, wird von der feinstofflichen Energie durchdrungen und von ihr erhalten. Dies trifft auch auf die Motoren von Autos zu. Ein entsprechender Energieimpuls des kosmischen Seins kann die Verbrauchswerte positiv beeinflussen.

Die Lichtenergie kannst du in viele Bereiche des Lebens bringen. Wir haben eine Verantwortung für die Schöpfung. Für jeden Kraftstofftyp gibt es eine entsprechende Energieform.

Larimar

„Die Qualität des wahren Seins
verändert sich nie.
Komm auch du zu dem wahren Sein."

Die Energie von Larimar ist ein feinstofflicher Schutz. Deine Aura und deine Chakren bilden deinen Energiekörper, der genauso wie der grobstoffliche Körper vielerlei Herausforderungen ausgesetzt ist. Andere Energien können das Gleichgewicht im Innern stören.

Große Veränderungen erwarten dich auf deinem Lichtweg. Eine von Licht durchflutete Aura schenkt dir Klarheit in deinem Denken und unterstützt dich, wenn du schwere Entscheidungen zu treffen hast. Das wahre Sein ist das Licht an sich. Verbinde dich mit ihm.

Special-Energie

Mehrere von Erzengel Michael ausgebildete Medien können eine persönliche Special-Energie für dich aktivieren.

Diese besteht aus einer Kombination von verschiedenen Energien, die dich bei deiner momentanen Entwicklung in optimaler Weise unterstützt und dir den Zugang zu deinen kraftschöpfenden Ressourcen erleichtert.

Für die Aktivierung ist ein direkter Kontakt zu Kamasha erforderlich. Der Name und das Geburtsdatum werden benötigt.

Pyramidenenergien

Die Symbolik und die Thematik der 13 göttlichen Pyramiden

von Joe Phil Bernard von Ehren

Wir begeben uns hier und jetzt auf die Reise in das Innere der 13 neun-seitigen Pyramiden und werden damit sogleich eingeweiht in den ur-astrologischen Grundsatz des dreimal-großen Hermes aus Ägypten:

„Das INNERE ist gleich dem ÄUßEREN,
das OBERE ist gleich dem UNTEREN,
das KLEINE ist gleich dem GROßEN."

Dort, im inneren Heiligtum, führen uns die gottverbundenen Meister in die Reiche, die unserem irdischen Dasein entsprechen:

- in das Reich der Zeitqualität (also des von der jeweiligen Pyramide beherrschten Datums),
- in das Reich der Farben,
- in das Reich unseres Körpers und seiner Organe,

- in das Reich der Flora, der Pflanzenwelt
- und in das Reich der Kristalle.

Alle Menschen und alle Lebewesen unseres wundervollen tiefblauen Planeten Erde haben jetzt freien Zugang zu den Kräften JEDER dieser 13 Pyramiden. Allerdings haben wir eine besondere Affinität zu der Pyramide, in deren Zeit wir geboren wurden und zu der, in deren Periode wir einst gezeugt worden sind.

Diese Pyramiden sind Einweihungsstätten, Tempel von jenseits unserer Galaxie, die in dieser Zeit zum allerersten Mal für die Erde geöffnet werden. Sei also achtsam mit dir und deiner Mitwelt, wenn du dich mit diesen Kräften verbindest.

Durch jeden dieser Tempel zieht sich gleichermaßen der solare, maskuline, ur-väterliche und der lunare, feminine, ur-mütterliche Lebensstrom, ähnlich den Nadis Pingala und Ida, die sich um den zentralen Kanal der Wirbelsäule, die Sushumna, schlängeln.

In jeder Pyramide können wir also mit einem Meister des solaren Logos und mit einer Meisterin der lunaren Weisheit Kontakt aufnehmen. So begeben wir uns dann auf eine extra-galaktische Reise!

1. Pyramide

Hier, um die Zeit der irdischen Herbst-Tag-und-Nacht-Gleiche, wird der Reigen der 13 neunseitigen Tempel eröffnet. Die genaue Zeitspanne der 1. Pyramide geht im Jahresablauf der Erde vom 18. September bis zum 18. Oktober. Sie wird am 18.9. um 18:00 Ortszeit geöffnet und geht bis zum 18.10. um 18:00 Ortszeit.

Lord Sananda & Lady Maria Magdalena sind hier das erste kosmische Wächterpaar und gleichsam Repräsentanten von Sonne und Mond, Vater und Mutter. Als 1. Pyramide hat sie auch viel zu tun mit der Zahlenschwingung der EINS. Die Eins und ihre Buchstabenentsprechung A oder Alpha bezeichnet aus kabbalistischer Sicht die Ur-Kraft, den göttlichen Ur-Willen. Dieses „UR" zieht sich durch alle Ebenen dieses Tempels:

Purpurrot, im Goetheschen Farbkreis das Zentrum und eine Primärfarbe des Lichtes, taucht diese Pyramide in den Strahl des Herzblutes, der Physis, der Lebensnähe. Rot ist Körperlichkeit, Ur-Vitalität, Kraft und Mut. Das Ja zum Erdendasein!-

Der stark erdende Jaspis, besonders der rote, ist das Mineral, das diese wärmenden, lebensbejahenden und beschützenden Urkräfte im Reich der Kristalle darstellt.

Unsere heutigen Farne gehen zurück auf die Urfarne aus der Urzeit Devon. Diese sog. „Nacktpflanzen" sollen die ältesten Landpflanzen der Erde sein. Also auch das Pflanzenreich trägt hier die Signatur des Ur-sprünglichen!

Die körperliche Entsprechung dieser Pyramide ist in erster Linie das Herz. Es ist der Motor unseres Organismus und das Zentrum, so, wie die Sonne im Mittelpunkt des Sonnensystems steht. Auch hier lebensbejahende, antreibende Urkraft. Damit sind eng verbunden die Lunge und die Drüsen.

Nicht umsonst wurde Sananda, als er Jesus auf Erden war, respektvoll der „Löwe von Juda" genannt! Ein starker Königssohn im purpurnen Gewand!

2. Pyramide

Jedes Jahr am 18. Oktober um 18:00 Ortszeit eröffnet die Himmlische Welt die 2. kosmische Pyramide, die bis zum 9. November gilt. Sie gehört auch zu einer Primärfarbe des Goetheschen Farbkreises, nämlich zum gelben Strahl.

In der Drei-Einheit von Körper (rot), Geist (gelb) und Seele (blau) haben wir es hier mit den erhellenden, durchdringenden Sonnenstrahlen des geistigen Prinzips zu tun. Die Seelen, die sich hier inkarnieren, tragen die Kraft der Leichtigkeit und das Feuer der Be-Geist-erung tief in sich und wollen bzw. sollen dieses auf der Erde verströmen!

Lady Varana, die als Mutter Theresa auf Erden lebte, beschützt gemeinsam mit Lord Kuthumi diesen Tempel. Sie rät uns, z. B. aus farbigen Pappen diese 9-seitigen Pyramiden nachzubasteln, diese zu verteilen und Getränke, Nahrungsmittel und vieles mehr damit zu energetisieren.

Der Amethyst, mit seinem transformierenden Violett, stellt hier, als Stein dieser Sphäre, interessanterweise die Komplementärfarbe dar zum gelben Strahl. Man sagt, der Name käme vom altgriechischen „a-methystes", d. i. „nicht vom Wein berauscht", also nüchtern.

Nun hat der Edelstein hier nicht gehalten, was versprochen wurde, deshalb, weil der Name wohl von „amethysos" stammt, d. i. „weinfarben". Also gerade umgekehrt repräsentiert dieser Kristall geradezu den Rausch, aber eben nicht so sehr den alkoholischen als vielmehr den GÖTTLICHEN!

Dieser ent-spannenden Kraft und dieser Gott-Gelassenheit entspricht auf der pflanzlichen Ebene der schöne gelbe Löwenzahn, der übrigens auch auf die hier symbolisch zugeordneten Organe, also auf das Verdauungssystem und die Hormone, wohltuend wirken kann.

Die Hüter der Pyramide schützen dich, damit du dich nicht mehr so involviert fühlst in alles, damit du wirklich du selbst sein kannst mit deinem Auftrag auf der Erde.

3. Pyramide

Hier betreten wir das Hoheitsgebiet des Erzengels Michael, dessen Name bedeutet „Wer ist wie Gott?", also eine Frage darstellt. Seit altersher wird er mit dem blauen Strahl in Verbindung gebracht, der die Pur-heit und die Treue der Seele darstellt.

Auch Blau ist in Goethes Farbkreis eine Primärfarbe, und sie steht für Weite, Geistigkeit, Klarheit und Frieden. Lady Diana ist in dieser himmlischen Pyramide an des Erzengels Seite. Ihre Stille und Liebe lassen dich wieder zu dir selbst kommen. Die hier hineingeborenen Seelen tragen besonders die Kräfte des Vertrauens, der Intuition und der Erlösung alter Energien in sich.

Dieser Tempel wird jährlich eröffnet am 9. November um 18:00 Ortszeit Uhr und gilt bis zum 27. November.

Die Nieren, die in der chinesischen Medizin auch als „Wasserorgan" bezeichnet werden, sowie die Haut (deren Reinheit und Schönheit) sind hier die symbolischen Körperentsprechungen.

In der Flora steht das Bildnis der Seerose dafür, dass Geburt und Sterben Übergänge zwischen den Welten sind und dass stets alles im Wandel begriffen ist.

„PANTA RHEI",„Alles Fließt", sagte einst Heraklit und der Volksmund:„Das einzig Beständige ist die Wandlung".

Der königsblaue Lapislazuli, der „Sternenhimmel" unter den Kristallen, repräsentiert diese Kräfte auf der irdischen Ebene.

4. Pyramide

Alljährlich am 27.11. um 18:00 öffnet sich die kraftvolle goldene Pyramide von Lord Babaji & Lady Kali über unserer Erde. Sie bleibt bis zum 18. Dezember geöffnet.

Der Auftrag der dann hinabgekommenen Seelen besteht im Lehren, in der Kommunikation des Lichtes, im Mut für das Neue, für die Veränderung.

Komm-uni-kation will hier sagen:" Komm zum EINEN, in die Einheit!"

Golden ist der Strahl der Dankbarkeit, Verklärung und Weisheit, und die Meister raten uns, unser Trinkwasser, um es mit dieser segenbringenden Energie aufzuladen, z. B. auf goldenfarbige Folien zu stellen oder auch auf blaue Folien (3. Pyramide) zur energetischen Reinigung.

Die Sonnenblume, auf französisch „Tournesol"=„Sonnendreher", weil ihre Blüte stets Richtung Sonne zeigt, ist hier das Symbol aus der Flora.

Der kraftvolle, zum Durchbruch verhelfende Pyrit (griech.: „Feuerstein") ist die Entsprechung aus der Kristallwelt.

Muskeln und Knochen stehen ferner für körperliche Bewegungskraft und Stabilität.

Die Hüter dieser Pyramide schenken dir den Mut zur Veränderung, das Neue einzuladen und das Alte zu verbrennen. Du kannst jetzt aufwachen auf der Erde. Sei da und tauche ein in die göttliche Kraft.

5. Pyramide

Vom 18. 12 bis zum 21. 1. wird über unserer Erde die 5. Astrologie-Pyramide geöffnet, die zum licht-orangenen Strahl gehört.

Es sei „die innere Farbe des Wassers", also dessen geheime Farbe, sagt man im Ayurveda, und bei uns im Westen gilt sie als Farbe der Lebensfreude, des Lebensgenusses, der Expansion und Wärme überhaupt.

Sehr bemerkenswert ist, dass auf der Nordhalbkugel die Wintersonnenwende, also die kürzesten Tage des Jahres, in diese Zeit fällt, und dass jährlich in dieser Zeit der „Rauhen Nächte" das Licht wiedergeboren wird. Lord SHIVA, der das höchste, allgegenwärtige kosmische Bewusstsein repräsentiert, regiert hier mit seiner göttlichen Gefährtin SHAKTI über die Kraft der Stille.

Die Energie dieses orangenen Tempels ist dem Immunsystem gewidmet, und die Shiva geweihte Pflanze, der Hanf (Cannabis sativa/indica), kann ein hilfreiches homöopathisches Symbol sein.

SHIVA, der "Segensreiche", ist in seiner höchsten Form ARDHANARISHVARA sowohl Mann als auch Frau in einem, und insofern kann Shivas Zeichen, der SHIVA-LINGAM, weiblich gedeutet werden als UR-EI der Schöpfung, oder aber männlich als Penis, der die Macht hat zu erzeugen oder zu zerstören.

Die phalliformen Shivalingam-Steine aus dem indischen Fluß Narmada sollen diese Shiva-Energie in sich tragen und können besonders den in dieser Pyramide Geborenen für ihre Entwicklung von Nutzen sein.

In Freiheit, Gelassenheit und Freude kannst du dein Leben manifestieren, aus der Kraft der Stille, die immer auch zur Liebe führt. Feiere das Fest der Stille, verbunden mit der höchsten göttlichen Kraft.

6. Pyramide

Hier betreten wir den wundervollen Tempel des grünen Heilstrahls, ein Raum, der den Seelen die Kraft des Selbst-Vertrauens gibt, ein Raum des Wachstums, der Kreativität, des Gleich-Gewichts der Kräfte.

Diese Pyramide wird eröffnet von Erzengel Raphael und Apani in der Zeit vom 21. Januar bis zum 27. Februar, jeweils 18:00. Apani wirkte von 1098 bis 1179 als Hildegard von Bingen auf Erden.

Der Symbolstein, der Malachit, ist ein großer Helfer der Menschheit. In alter Zeit wurden aus ihm sog. „Wehenkreuze" gefertigt, um den gebärenden Frauen Schutzamulett zu sein.

Er ist chemisch gesehen ein Kupferkarbonat, das seit altersher Affinität hat zum astrologischen Venus-Prinzip. Deswegen wird er in Indien als „Stein der Niere" bezeichnet, da die Nieren ein Venus-Organ sind. Dieser Organ-Bezug betrifft zwar nicht diese Pyramide, sondern die hier zugeordneten Bereiche sind das Haar und die Zähne, aber interessant ist doch, dass in alter Zeit Haarpracht auf eine stark positionierte Venus zurückgeführt und damit auch immer mit gesunder Nierenfunktion in Verbindung gebracht wurde.

Aus der Flora ist hier das Symbol die Lilie als ewiges Zeichen der Reinheit und Gesundheit, besonders die weiße Madonnenlilie.

Jesus sprach:„Schauet die Lilien auf dem Felde, wie sie wachsen! Sie arbeiten nicht und sie spinnen nicht . Ich sage Euch, dass auch Salomo in all seiner Pracht nicht gekleidet war, wie die Lilien es sind."

Du kannst alles in dir zum Ausdruck bringen. Du kannst dich selbst erfahren und dich spüren und Ja sagen zu dem, was an Wunderbarem in dir steckt. Wenn du dich wirklich ausdrückst, hört das Suchen auf.

7. Pyramide

Die Kraft dieser Pyramide ist bemerkenswert! Sie regiert die kürzeste Zeitspanne im Jahreslauf, vom 27. 2. um 18:00 bis zum 9. 3. um 18:00, (im Schaltjahr fällt hier der verlängernde Tag, der 29.2., hinein).

Seitdem die 1. Pyramide Mitte September geöffnet worden ist, haben wir jetzt im Jahreslauf Anfang März erreicht, und wir haben somit fast die Halbzeit, sprich die Mitte im Jahreslauf der Pyramiden erreicht. Im Kreis der 13 aber liegt die 7, zahlenmäßig gesehen, im Zentrum!

Symbolisch wird hier die Mitte des menschlichen Leibes seiner ganzen Länge nach angesprochen: Der untere Bauch, jap. „HARA", ist der Schwerpunkt des Körpers. Hier liegt das Sexualzentrum des menschlichen Wesens, entweder als Wesen nach-innen-gekehrten, weiblichen Geschlechtes oder als Wesen nach-außen-gekehrten, männlichen Geschlechtes.

Hier erfahren wir eine tiefe Einweihung in unsere Sexualkraft und in die damit verbundene Lebensfreude.

Der Strahl ist ein warmes Weiß, also ein milch-, creme- oder vanilleweiß („vainilla", span.= „kleine Schote oder Vagina"). Diesem Naturweiß entsprechen auf höherer Ebene die lebenspendenden Säfte der Lymphe, der Muttermilch, des Vatersamens. Und die lymphatischen Licht-Organe par excellance sind die Augen!

Meisterin SVAHARA aus dem Lande der Wale und Delphine sendet uns den weißen Liebesstrahl der Belugas, jener weißen Wale, die wegen ihrer herrlichen Gesänge auch die „Kanarienvögel des Ozeans" genannt werden. Der gnadenvolle Erzengel Gabriel belehrt uns, dass die in dieser Zeit geborenen Seelen die Kraft des Gefühls und der Vision besonders stark in sich tragen.

Aus der Pflanzenwelt unterstützt uns hier der Fenchel und aus der Welt der Kristalle der schillernde Aventurin.

Fühle jetzt deine tiefe Verbindung zur Mutter Erde und lebe deine Berufung. Du kannst in dir die göttliche Manifestation vollenden.

8. Pyramide

Gab der 1. neunseitige Tempel mit seiner Ursprungskraft den Impuls zur Öffnung des Pyramidenkreises zur Zeit der Herbst-Tag-und-Nacht-Gleiche, so kommen wir jetzt beim Frühlingsanfang an im 8. Tempel.

Der Strahl leuchtet Violett, das die rote Glut aus den Tiefen der Erde verbindet mit dem Ätherblau aus den Tiefen des Kosmos.

Genauso haben die Seelen, die in diesem Zeitraum vom 9. März bis zum 3. April das Licht der Welt erblickt haben, die Gabe, die kosmische Schönheit auf die Erde zu bringen, sich auszudrücken in der Kunst.

Der zugeordnete Karneol, der „fleischfarbene", gibt diesen Schöngeistern die nötige vitale Kraft sich zu erden und soll nach alter Tradition aus der Lithotherapie einen harmonisierenden Einfluß auf die Verdauung haben.

Denn wenn die erschaffende, manifestierende Kraft nicht gelebt wird, kann die damit unterdrückte Wut der Leberenergie zu schaffen machen.

Zeige jetzt deine Seelenschönheit und lasse die göttliche Kraft hier auf der Erde sichtbar werden.

Nach Aussage von Meister Johannes, dem Wächter hier, soll die Kraft des Flieders das 3. Auge öffnen. Durch unser 3. Auge und unser Herz können wir dann, verbunden mit der Meisterin Ma Shanti, der Friedensmutter, FRIEDEN senden!

AUM SHANTI, SHANTI, SHANTI.

9. Pyramide

Im April, genau vom 3. bis zum 27., öffnet sich dann die 9. NEUN-SEITIGE Pyramide über unserem Planeten Erde. In dieser bedeutungsvollen Konstellation ist Mutter Erde als LADY GAIA selbst die Hüterin.

Und dieser Tempel trägt, -als einziger neben dem 11., zwei wundervolle Farben: Königsblau und Königsgrün, um, wie der Meister und Wächter El Morya hier sagt, „die Vollendung des Aufstiegs auf der Erde zu manifestieren".

Das tief leuchtende Ultramarin ist hierbei Symbol für Mutter Erde und das herrliche, ganz leicht bläuliche Smaragdgrün ist Symbol für kosmische Erfrischung und Heil!

Wenn die hier Geborenen ihre Kraft der Manifestation nicht nutzen, können seelische Bedrükkung, Kopfschmerzen und gar Hormonstörungen die Folge sein.

Der sehr kraftvolle (cave!) Obsidian, das natürliche Lavaglas aus den Tiefen der Vulkane, ist das geeignete Kristall-Symbol, um Konflikte aus der Tiefe ans Licht zu holen, um sie zu ER-LÖSEN.

Aus der Flora leuchtet uns hier der Sonnenhut entgegen. Schon die Indianer Nordamerikas erkannten seine resistenzsteigernde Kraft.

Du kannst jetzt die Kraft deiner Einfachheit auf der Erde erfahren, darin liegt deine Vollendung, dass du aus der Einfachheit heraus deine Manifestationskraft entfaltest.

10. Pyramide

MI RAKANTA DEORA MANI, d. i. :„Ehrt eure Ahnen, eure Eltern, euch selbst und die Kinder. Und das für jedes Lebewesen."

Lady Numara, eine alte Meisterseele aus dem Reiche der Indianer, begrüßt uns hier mit diesen tiefen Worten. „...Euer Juwel ist die Achtsamkeit. Saint Germain lässt die Schriften entstehen, meine Aufgabe ist, dass das Wissen in Achtsamkeit verbreitet wird."

Hier, in der schneeweißen Pyramide (27.4.-18.5.), geht es um die authentische Kraft der Worte. Die Geborenen sollen ihre Kraft laut Meister St. Germain einsetzen für das Schreiben, für das Lesen von, auch alten, Schriften. Sie können viel Heilung empfangen durch die Kräfte der Buchstaben und des geschriebenen Wortes. Vielleicht steht das blütenweiß gar für ein noch unbeschriebenes Blatt Papier?

Unsere Hände sind energetisch stark mit dieser Pyramide verbunden, und die Geborenen sind gut beraten, stets in den Fluß des eigenverantwortlichen Handelns zu gehen.

Desgleichen ist bei ihnen der Gehörsinn sehr sensibel, und es ist gesund für sie bewusst zu- und hinzuhören, weniger gut ist es meist, Dinge zu ÜBER-HÖREN!

Aus der Pflanzenwelt kommt uns hier die Kraft der Nelke und aus dem Mineralreich der hell pastellfarbige Apophyllit, der uns befreiend aufatmen lässt, zugute.

Tanze auf der Erde, spüre die Kraft, die sie dir gibt, und entdecke die Achtsamkeit.

11. Pyramide

Dieser Tempel ist erfüllt von meisterlicher Kraft! Schon beim Betreten der in gülden-silbernstrahlenden Halle tönt uns das uralte, heilsame Gayatri-Mantra entgegen.

Gold und Silber sind seit altersher höchster Ausdruck des maskulinen und femininen Prinzips von Vater und Mutter, Sonne und Mond. Sathya Sai Baba vereint, als Inkarnation des Göttlichen, diese Kräfte in sich als SAI, göttliche Mutter und Wächterin, und als BABA, göttlicher Vater und Wächter. Er lehrt uns, dass Gott ÜBER-ALL ist.

Vom 18.Mai bis zum 9. Juni ist dieser Tempel geöffnet.

Die hier Geborenen sollen die besondere Begabung haben, kraft ihrer Hypophyse Zeitreisen unternehmen zu können! Ferner tragen sie eine starke Verbindung zu unserem Mutterplaneten sowie das Wissen der Erde in sich.

Der prachtvolle Ahornbaum ist hier das Pflanzensymbol.

Der Kristall, der farbenreiche Turmalin, schlägt eine Brücke zwischen Himmel und Erde, indem er himmlische Energien herabtransformiert und irdische Energien herauftransformiert.

Erkenne jetzt die Kraft des Lehrers in dir, lebe dein Wissen und nutze es für den Frieden und die Liebe. Du darfst dich ganz einlassen auf das irdische Dasein.

12. Pyramide

Wenn auf der Nordhalbkugel der Sommer beginnt, öffnet sich ein großer, lichter Tempel der Heiterkeit und der Schönheit über der Mutter Erde.

Diese mächtige Pyramide bleibt weit über zwei Monate, vom 9. 6. um 18:00 bis zum 18. 8. um 18:00 über der Erde geöffnet. Sie ist damit zeitlich gesehen mit Abstand die Größte der Pyramiden.

Lord Krishna und seine Gefährtin Radharani, die Königin Radha, treten in diesem Zeitraum ihre Pyramidenherrschaft an. Krishna war einst eine vollkommene Inkarnation Gottes, ein Purnavatara.

Er gilt als der universale Herr, ist allgegenwärtig und wird auch der All-anziehende genannt, weil jeder von ihm entzückt, bezaubert ob seiner Schönheit ist.

Das lichte Rosa ist der direkte Ausdruck dieses Tempels, der alle Qualitäten seiner unter ihm Geborenen der Schönheit, des Tanzes, der Poesie, der Musik in sich birgt. Rosa ist nicht nur der Strahl, der die Wunden des Herzens heilt (das Herz hat neben der 1. auch Affinität zu dieser Pyramide), sondern auch Ausdruck höchster Zärtlichkeit, wie im Liebesspiel von Radha und Krishna versinnbildlicht.

Diese Herzens-Potenz wird auch im Shiva-Lingam-Stein, der Shivas Phallus symbolisiert, ausgedrückt, der bemerkenswerterweise nicht nur der Wintersonnwende (5. Pyramide) sondern auch der jetzigen Sommersonnwende als sprechendes Symbol göttlichen Bewusstseins zugedacht wird. Krishna belehrt uns: „Das Shivalingam reinigt euer Herz, und wenn ihr ihm zuhört, spricht er zu euch!"

In der Flora beschert uns der Klatschmohn im Sommer herrliche Farbkleckse auf den Wiesen, und das Massageöl aus Papaver ist in der Lage, Verhärtungen sanft zu lösen.

Hab den Mut, aus deinem Leben einen Gesang der göttlichen Freude werden zu lassen.

13. Pyramide

Buddha spricht: „Der Kreis des Wissens schließt sich." Hier betreten wir den Raum tiefer Dunkelheit und erfahren Verwandlung. „Per aspera ad astra", durch Erdenschwere zu den Sternen!

Nachdem die 1. Pyramide als Eröffnerin des Kreises gleichsam das Alpha, den Anfang, symbolisiert, steht nun die 13. Pyramide, die zum schwarzen Strahl gehört, für das Omega, für die Vollendung .

Mit dem Nahen des Spätsommers betreten wir in der Zeit vom 18.8. bis zum 18.9. den Tempel der Stille, der Ruhe , des Hinhorchens und Lauschens.

Die hier Geborenen schöpfen aus dieser Stille ihre Kraft und können so zu Wegbereitern des Herzens, zu Trägern der Entscheidung werden! Kommen sie nicht recht in ihre Kraft, können die Energien der Leber und der Lunge leiden, ferner die der Haut.

In der liebenden Integration von allem findest du die Vollendung.

Der feuchtigkeitsliebende Opal, hier besonders der schwarze Edelopal, der in Indien als „die Göttin des Regenbogens" bezeichnet wird, vereint in seinem Schillern alle Farben des Spektrums. Damit steht er für die Integration von Allem.

Die Legende erzählt, dass Buddha jahrelang bei den Samanas im Walde asketisch lebte und endlich, sitzend unter einem Feigenbaum im Dorfe Bodh Gaya, die Erleuchtung erlangte. Deswegen ist der Baum dieser Pyramide der Bodhibaum.

Hier heißen uns Meister und Meisterin, Buddha und Padma-Na, willkommen und chanten mit uns AUM MANI PADME HUM, d. i.
AUM Heil Dir, Juwel im Lotus!

Energien der Transformation

Lichtbote der Heilung

„Der Weg des Heilens
ist ein Weg der Liebe
und führt zur Erkenntnis
der kosmischen Grenzenlosigkeit
auf der Erde."

Heilung bedeutet, alle Aspekte des Lebens zu durchleuchten und alle Möglichkeiten der Veränderung einzuladen in deinem Leben, dass du dich wieder findest. Diese Energie des Lichtboten ist für alle Erdenkinder, die auf der Lebensreise andere Erdenkinder begleiten.

Der Lichtbote bringt Kraft, schützt und lässt die Herzensvision immer präsent sein. Er macht dich klar und ruhig, verbindet dich mit der kosmischen Kraft. Die Liebe ist der größte Heiler. Verbindest du dich mit dem Lichtboten der Heilung, ist diese Liebe da, und die Transformation kann beginnen.

Gold

„So wie das goldene Licht erstrahlt,
strahlt deine Seele in dir."

Die Energie des goldenen Lichtes bringt alles in dir zum Strahlen. Durch Substanzen, die dein Leben schwächen, die durch Nebenwirkungen Schaden anrichten, kannst du die Klarheit in dir selbst nicht mehr spüren. Doch das goldene Licht hilft dir dabei, lässt dich fühlen, wo du stehst, und bringt Kraft in dein Leben.

Die goldene Energie lässt dich authentischer werden, und bringt dich in Kontakt mit den Lichtinformationen deines Körpers. Der goldene Strahl stärkt deine Aura, stärkt deine Visionskraft und lässt dich frei werden, um dein Leben zu verändern.

Lichtsäule

„Der duftende Morgentau liegt über dir,
wenn dich die erfrischende Liebe
des wahren Seins erhellt."

Wenn du im Licht stehst, kommt alles in dir ins Gleichgewicht. Die Drüsen sind verantwortlich für die Hormonproduktion. Sie sind feine energetische Gebilde, die immer für dich da sind. Sie lenken alles in deinem Körper und sind die strahlungsempfindlichsten Organe in dir. Besonders in den großen Drüsen (Epiphyse, Hypophyse, Thalamus) ist die Steuerung des Körpers festgelegt.

Die Lichtsäulenenergie fördert die energetische Reinigung und schafft den energetischen Ausgleich. Wenn du dich innerlich mit der Lichtenergie der Lichtsäule verbindest, dann wird dadurch das energetische Programm eines hormonellen Ungleichgewichts gelöscht.

Kosmische Lichtfrequenz

„Schau den Frühling an.
Alles entspringt.
Alles erblüht.
Alles wacht auf.
Erwache auch du."

Sei ein lebendiges Licht in diesem Kosmos und du kannst alle Gefahren abwenden. Das Immunsystem ist der unerforschte Kosmos in deinem Körper. Alles spiegelt sich in ihm wieder. Es ist das stärkste, aber auch das empfindlichste System und wird geschwächt durch verunreinigte Nahrung, durch Strahlung und Stress.

Die kosmische Lichtfrequenz lässt dich den unerforschten Kosmos neu entdecken, stärkt ihn energetisch und bringt dich somit in deine Mitte, in deine Kraft. Wenn du dich innerlich mit der Energie der kosmischen Lichtfrequenz verbindest, dann wird dadurch das energetische Programm der Schwächung des Immunsystems gelöscht.

Kosmische Antennen

„Der Weg des Lichts
ist der einzige Weg der Wahrheit
und des großen Glücks."

Je mehr du deine kosmischen Antennen aktivierst, desto deutlicher wird dir, dass du mit allem verbunden bist. Unsere Haare sind feinenergetische Organe, die dich mit allen Kräften des Kosmos verbinden. Stress und Schocks können bewirken, dass du Haare verlierst.

Verbinde dich wieder mit der Energie der kosmischen Antennen, schaffe eine Verbindung zu dem inneren Reichtum, der aus dem ganzen Kosmos zu dir kommen will. Dies ist die Basis für Wachstum und Stärke. Über deine Haare kannst du vieles erspüren. Fühle die Lebendigkeit deines Lichts.

Herz-Rescue

„Der Körper ist der Tempel,
von ihm geht jede Schönheit aus."

Wieder aus dem Herzen leben, auch wenn wir verletzt worden sind. Das Herzchakra ist der Mittelpunkt von allen Chakren. Wer im Herzen lebt, kommt in seine eigene Kraft und sein eigenes Zentrum. Die Seele beginnt zu strahlen, und die Augen beginnen zu leuchten. Die Wärme des Fühlens ergießt sich in deine Umgebung.

Um mehr und mehr in deine Herzenskraft zu kommen, darfst du viele alte und aktuell gespeicherte Schocks auflösen und Verletzungen loslassen. Dies hilft dir, Vergebung und Erlösung zu finden.

Rescue

„Entdecke in jedem Atemzug
deine göttliche Größe."

Die Energie von Rescue ist ein Helfer in der Not. Auch in allen schwierigen Situationen deines Lebens kannst du dir deiner göttlichen Größe bewusst sein. Erhalte den Bezug zu deinem Sein, zu der unendlichen Weite deiner Seele. Die Zusammenziehung muss sich nicht ausbreiten. Du kannst auch in der Krise offen bleiben.

Das Leben bietet immer wieder neue Herausforderungen, körperliche und seelische, in denen du deine göttliche Größe nicht so spüren kannst. Lerne die Liebe des Lebens in allem anzunehmen.

Neue Wege gehen

„Die Kinder
sind offen und rein."

Vieles haben wir erlebt. Alte Wunden und Verletzungen können wir jetzt loslassen. Der alte Missbrauch hat keine Macht mehr über uns. Auch unser Sexual-Chakra kann sich wieder frei fühlen. Wie ein Kind öffnen wir uns für ein neues Vertrauen.

Die Energie „Neue Wege gehen" schenkt dir einen inneren Aufbruch. Du kommst wieder in deine Wahrheit, entdeckst wieder dein eigenes Ziel, kannst wieder authentisch sein. Frei und unbeschwert wird dein Leben, wenn du das Alte hinter dir lässt.

Achtsames Leben

„In der Achtsamkeit
entsteht eine neue Freude,
das Leben zu lieben."

Achtsames Leben bedeutet, sich dem Leben hinzugeben, zurück zum Leben und in die volle Kraft des Lebens zu gehen. Durch Leichtigkeit und Freude erfährst du eine neue Kraft in deinem Leben.

Du kannst aus deiner alten Haut gehen und in ein neues Leben springen. Lasse die Haut zu einem offenen Kanal der Begegnung werden. Du darfst die Angst vor der Berührung jetzt hinter dir lassen. Die Energie „Achtsames Leben" bedeutet eine Veränderung, die mit Schönheit, Freude und Getragensein gesegnet ist.

Stärke leben

„Der Baum ist stark.
Die Liebe des Baumes
ist ungefiltert und rein."

Diese Energie gibt dir Stärke: Stärke mit dir zu sein, Stärke für dein Sein. Wenn du dir einen Knochen brichst, so entfernen sich zwei zusammenhängende Teile voneinander. Jetzt kannst du die Brüche in deinem Leben wieder zusammenführen. Knochen geben dir Stärke und Halt.

Oft geschieht es schon in der Kindheit, dass dir die Stärke, der Mut, der Halt und das Vertrauen genommen werden. Und dieses manifestiert sich auch in deinem Knochensystem. Diese Energie bringt dich in Kontakt mit deiner Stärke und zeigt dir: Du wirst gehalten.

Narben

„Die Leichtigkeit
in deinem Leben
ist der Kontakt
zu der grenzenlosen Liebe
des Kosmos."

Heilsein heißt, alle Blockaden zu lösen, das Leben wieder überall zu spüren. Diese Energie ist für deine Narben, für die Narben, die dort sind, wo Haut, Muskeln, Knochen, Bänder und Gelenke zerbrochen waren, aber auch die Narben deiner Seele.

Viele seelische Narben bringen dich aus deiner Kraft, aus deinem Sein, aus deiner Mitte. Diese Energie hilft dir bei der Auflösung von inneren und äußeren Narben. Du kannst die Leichtigkeit des Daseins wieder in dir fühlen und erfährst die Weite deiner Seele.

Urvertrauen

„Das klare, reine Herz ist da,
wenn der grenzenlose Ozean
sich über dich ergießt.“

Diese Energie ist für alle Erdenkinder, wirklich alle! Durch dein verloren gegangenes Urvertrauen suchst du nach neuen Ufern, um deine Grenzenlosigkeit aufzugeben. Im Außen suchst du, und die Suche wird zur Sucht. Durch die Unterdrückung deiner innersten Bedürfnisse und deiner Wahrheit verlierst du dich in deinem Leid.

Jede Art von Ablenkung, sei es Fernsehen, Süßigkeiten, Rauchen, Alkohol, Drogen, Sex, Essen, Glücksspiel, bedeutet eine Entfernung von deiner Quelle, von dir und deiner Seele. Die Energie des Urvertrauens hilft dir, dich von deinen Mustern zu befreien und macht dir die Ängste bewusst, die hinter jeder Sucht stehen.

Wald

„Die Kraft der Liebe lässt dich
ganz klar und frei auf der Erde sein."

Du kannst jetzt Frieden schließen mit der Kraft des Werdens. Diese Energie ist für die Heilung von Verletzungen deines Sexualchakras. Wenn dort Verletzungen entstanden sind, entsteht eine Abneigung gegen deine Sexualhormone und gegen die Pollen von Pflanzen, aus denen das neue Leben sprießen will.

Sei bereit, diesen Konflikt zu erlösen. Verbinde dich wieder mit deiner Sexualität aus dem Herzen und lass diese Kraft frei und ohne Grenzen fließen, dann kannst du auch wieder in den Wald gehen und Liebe machen.

Ausleitung

„Die Klarheit deines Herzens
ist die Neuausrichtung
in deinem Leben."

Der Fluss des Lebens reinigt alles, was ist. Stillstand sorgt für die Ansammlung von schädlichen Stoffen und schwächt dich in deinem biologischen Haushalt. Diese Energie befreit dich auf energetischer Ebene von allem, was dich belastet.

In deinem Leben kommst du mit vielen Stoffen in Kontakt, die für deine Entwicklung nicht förderlich sind. Alle energetischen Störfelder in deinen Zellen werden jetzt gelöscht. Du fühlst die neue Lebendigkeit in dir. Die Energien können wieder frei fließen.

Chakra-Energien

ARAVI 1. Chakra

„Vom Licht getragen auf der Erde"

Diese Energie verbindet euch mit dem Mittelpunkt der Erde. Es dient eurer Erdung. Zudem bringt es eine heilende, ausgleichende und harmonische Schwingung in euer erstes Chakra sowie in Räume und auf die Erde.

Die ARAVI-Energie verbindet Euch mit der Zellmembran eurer Körperzellen, löst Blockaden im 1. Chakra und hilft Euch ganz auf der Erde anzukommen.Es geht darum, euer Potenzial auf der Erde zu leben. Es geht um die Ankunft auf der Erde. Wer ganz präsent ist auf der Erde, der kann sein Potenzial leben. Sonst kann der Mensch sich nicht fokussieren. Du kannst nur zu einem Götterboten werden, wenn du geerdet und im Hier und Jetzt bist.

Hinweise: Auf der Erde sein. Fuß-Chakren und Hand-Chakren öffnen und reinigen, Kraftplätze aktivieren. Die dazugehörige Farbe ist ein tiefes Rot, die äußerste und zugleich 1. Schicht des Erdmittelpunktes besteht aus Rubin. Heilzahl: 911.

RALAYA 2. Chakra

„Die Entwicklung von Schönheit auf der Erde"

Die RALAYA-Energie harmonisiert und reinigt das 2. Chakra, löscht dort Fehlinformationen. Sie verbindet euch mit dem Leben auf der Erde. Ihr Menschen habt die größte Herausforderung zu leben im 2. Chakra. Euch selbst und eure Sexualität zu leben. Eure Kraft sitzt dort. Viele Menschen haben Angst, weil sie es nicht gelernt haben, mit dieser Kraft umzugehen. Bring dich in Kontakt mit ihr und so kannst du Frieden schließen mit dem, was du bist auf der Erde.

RALAYA verändert deine Einstellung zu der bisher gelebten Sexualität. Die Integration deiner Sexualkraft macht dich kraftvoll, wirkt ausgleichend für die Zellen und bringt Frieden. Wenn du Frieden schließt mit dir, dann ist das der größte Lichtpunkt, dann verändert sich dein ganzes Energiefeld. Und das bedeutet, deine Aura wird stärker und größer.

Hinweise: Ur-Schwingung der Zelle. Die Harmonie der Zellen fördern. Wasser aufladen. Die Farbe der 2. Erdschicht ist ein tiefes Grün, der dazugehörige Edelstein ist der Smaragd. Heilzahl: 999.

KARANA 3. Chakra

„Einheit ist der göttliche Weg"

Die KARANA-Energie reinigt und stärkt das 3. Chakra. Die Themen sind Macht, „Leben wollen" und Emotionen. Die Energie gleicht aus, bringt vieles „nach oben", hält, stabilisiert und nimmt die Angst vor der Macht.

Es ist wichtig, dass ihr eure Emotionen in Liebe lebt und dass ihr in Liebe mit ihnen in Kontakt kommt. Wichtig ist, dass ihr mit allen Teilen eures Fühlens in Kontakt kommt, denn dann seid ihr ganz. Wenn ihr sie in Liebe annehmt, dann sind sie schon erlöst. Ihr denkt immer noch, ihr müsst gegen Emotionen kämpfen, doch dadurch werden sie viel stärker. Ihr könnt alles kreieren. Viele Menschen haben aber Angst vor ihrer Lebenskraft und vor ihren Emotionen. Das kann euch daran hindern, das Leben in eurer ganzen Kraft zu leben. Emotionen können euch in eure Kraft bringen. Nehmt die Macht, die ihr habt, an in eurem Leben.

Hinweise: Kosmische Energie kommt auf die Erde. Strahlung auf-/erlösen. Feurige Prozesse werden beruhigt. Die Farbe der 3. Erdschicht ist Gold, der Edelstein ist der Citrin. Heilzahl: 111.

AMRILA 4. Chakra

„Unendliches Bewusstsein von Ganzheit"

Die AMRILA-Energie stärkt und reinigt das 4. Chakra. Sie hilft, euch selbst in Liebe zu begegnen und dient der Erleuchtung des Herzens. Das Wichtigste ist, dass ihr in Liebe bei euch bleibt und euch nicht bewertet, z.B., wenn sich eine Beziehung verändert oder wenn eine Beziehung beendet wird. Es geht darum, dass niemand auf der Erde euch gehört – niemand, dass euch gar nichts gehört auf der Erde – gar nichts.

Diese Energie gleicht euer Herz aus und bringt die leuchtende Energie wieder zurück. Seht das, was ihr loslasst, immer als Transformation. Es geht nicht mehr darum, das Alte festzuhalten. Solange ihr eine Sehn-Sucht habt, solange ihr euch nach der Liebe sehnt – ist es keine Liebe. Es ist ein Wollen, ein „Haben-Wollen", das befriedigt werden will. Doch darum geht es nicht in der Liebe. Im Grunde geht es darum, dass ihr euch an euch selbst anlehnen könnt.

Hinweise: Urkraft, Lebenskraft stärken. Nieren. Die Farbe der 4. Erdschicht ist ein helles Blau, der dazugehörige Edelstein ist der Obsidian. Heilzahl: 873.

AMYAKA 5. Chakra

„Die Kraft in Freiheit zu leben"

Die Amyaka-Energie gleicht aus, löst ungeklärte, ungelöste Kommunikation und stärkt. Sie hilft euch, Klarheit in der Kommunikation zu finden, Emotionen zum Ausdruck zu bringen, und sie sensibilisiert Euch in der Wahrnehmung Eurer Chakra-Energien.

Ihr könnt nur wirklich kommunizieren in der Klarheit eures Herzens, wenn alle Ängste gegangen sind. Und deshalb ist es wichtig, den Mut zu bekommen, Dinge in der Kommunikation umzusetzen. Es ist nicht nur die stimmliche Kommunikation damit gemeint. Es geht um den Ausdruck in Kunst, Musik, Tanz oder in Bewegung, wirklich euch Ausdruck zu verschaffen und zu geben. Es geht um die Überwindung der Vergangenheit, der Ängste, die euch daran gehindert haben.

Hinweise: Alle Ebenen des Ausdrucks öffnen. Energiestaus auflösen. Die Farbe der 5. Erdschicht ist ein warmleuchtendes Gelb, der dazugehörige Kristall ist der Sonnenstein. Heilzahl: 963.

SVAHAYA 6. Chakra

„Lichtvolle Kreativität"

Die SVAHAYA-Energie stärkt und reinigt das 6. Chakra. Sie macht euch frei und bringt Klarheit, klärt das dritte Auge. Sie hilft euch, eure Kraft aus eurem dritten Auge zu bündeln, so dass diese Kraft nicht verstreut, sondern gebündelt auf das Leben gerichtet ist. Wenn ihr den Fokus eures dritten Auges auf das Leben richtet, seid ihr der eigene Schöpfer eures Lebens.

Um Visionen zu manifestieren, ist es sehr wichtig, das 6. Chakra zu aktivieren. Und wenn ihr eine Vision habt, dann schreibt die Vision auf und verbindet Euch mit der SVAHAYA-Energie.

Hinweise: Leichtigkeit und Weite. Das Sehen und das Hören stärken. Ängste erlösen. Die 6. Erdschicht hat die Farbe Königsblau, der dazugehörige Edelstein ist der Lapislazuli. Heilzahl: 279.

VARILA 7. Chakra

„Erkennen des Seins“

Die VARILA-Energie stärkt, reinigt und öffnet das 7. Chakra. So könnt ihr Kontakt aufnehmen mit der Natur, mit den Wesen, die in den Bäumen leben, in den Blumen und Pflanzen. Sie hilft euch, mit ihnen zu kommunizieren, bringt euch in Kontakt mit dem, was die Pflanze fühlt, was sie euch geben will und was ihr der Natur geben dürft.

Ihr könnt damit viel mehr über die Heilkraft der Pflanzen erfahren. Wenn ihr diese Energie zusammen mit Heilkräutern verwendet, kann die Wirkung der Kräuter sehr viel stärker sein.

Mit dieser Energie könnt ihr Frieden schließen mit Menschen und mit eurer eigenen Natur, eurem Körper, um Schuld in Liebe zu transformieren und um das Licht zu manifestieren.

Hinweise: Wiederbelebung der Natur. Frieden schließen. Auflösung von Bindungen. Die Farbe der 7. Erdschicht ist ein kräftiges Dunkel-Lila, der dazugehörige Kristall ist der Achat. Heilzahl: 549.

ASHANA 8. Chakra

„Die Entstehung von Klarheit durch Liebe"

Die ASHANA-Energie gleicht die rechte und linke Seite energetisch aus und sorgt so für Harmonie in euch. Durch ausgeglichene Gehirnhälften werdet ihr ein ganz anderes Körperbewusstsein haben. Eure Bewegungen, euer Denken und Handeln verändern sich.

Das 8. Chakra ist das 1. außerkörperliche Chakra, es befindet sich ca. 30 cm über dem Kopf. Und durch diese Energie baut ihr den Kontakt auf zwischen eurem 8. Chakra und der 8. Schicht des Erdmittelpunktes. Eure körperlichen Chakren waren schon immer mit den Erdschichten verbunden. Doch jetzt könnt ihr auch eure außerkörperlichen Chakren mit den Erdschichten verbinden.

Hinweise: Achtsamkeit und Einfachheit im Herzen. Hormone. Gehirn, und dessen evtl. feurige Prozesse beruhigen. Vereinigung des Himmels mit der Erde Die Farbe der 8. Erdschicht ist ein ganz helles Türkis, in Richtung Weißblau gehend, der dazugehörige Edelstein ist ein ganz heller Türkis. Heilzahl: 342.

TALAMA 9. Chakra

„Achtsamkeit ist die Bedingung zum Frieden"

Die TALAMA-Energie stärkt und reinigt das 9. Chakra. Sie schützt euch vor negativen Gedanken von anderen Menschen und vor Manipulationen. Diese Energie durchschreitet Raum und Zeit. Sie hilft euch bei der Begegnung mit Menschen – außerhalb von Raum und Zeit. Das fordert von euch eine große Achtsamkeit für diese Begegnung und bringt euch in eine Dimension der Zeitlosigkeit.

Ihr könnt ganz präsent hier sein und ihr könnt mit eurem Bewusstsein in die Schichten der Erde reisen, aber auch mit Menschen in Kontakt treten. Dafür ist es wichtig, nicht manipulativ, zu arbeiten, z.B. um Informationen von anderen Menschen abzurufen, denn dann verliert die Energie sofort ihre Kraft. Manipulation meint hier: Nicht in bedingungsloser Liebe sein.

Hinweise: Kommunikation jenseits von Raum und Zeit. Schwangerschaft. Geburt. Mutterschaft. Stille. Die Farbe der 9. Erdschicht ist Himmelblau, der dazugehörige Edelstein ist der Larimar. Heilzahl: 261.

MALIKA 10. Chakra

„Liebevolles Denken, Fühlen und Handeln"

Die MALIKA-Energie stärkt, reinigt und harmonisiert das 10. Chakra. Sie hilft euch, die Vergangenheit loszulassen. Die Vergangenheit bedeutet das Alte, aus diesem jetzigen Leben und aus den Leben zuvor.

In Situationen, in denen ihr Verhaltensweisen der Vergangenheit verändern wollt, könnt ihr diese Energie nutzen. Ihr könnt loslassen, um die Freiheit zu empfangen. Die Energie löst den Konflikt oder die alte Verletzung auf und zeigt euch eure unendliche Freiheit.

Hinweise: Von Licht durchflutet sein. Streit erlösen. Entgiften. Narben. Haut glätten. Die 10. Erdschicht strahlt in einem ganz tiefen, dunklen Violett, der dazugehörige Edelstein ist der weiße Mondstein. Heilzahl: 117.

TAYANA 11. Chakra

„Achtsames Leben ist die Bedingung, um jedes Lebewesen zu lieben"

Die TAYANA-Energie reinigt und stärkt das 11. Chakra. Eure ererbten Strukturen, die Verbindungen zur Familie werden gereinigt. Dies bringt viele Schichten mit sich – aus deiner Familie, von deinem Vater, von deiner Mutter. Ihr habt Schwachpunkte, schwächende Energien in euch, und diese schwächenden Energien belasten euch. Nun könnt ihr die ererbten Schädigungen auflösen.

Die energetischen Kanäle werden geöffnet und gereinigt. Ihr werdet für die feinstoffliche Welt des Geistigen empfänglich. Dies führt euch heraus aus der Polarität und bringt unendliche Leichtigkeit in euer Leben. Dass jeder jedem dient, das ist das Allerwichtigste.

Hinweise: Göttliche Energie. Meridiane, Wirbelsäulenkanal, Kundalini. Erlösung der Dualität. Die Farbe der 11. Erdschicht ist ein dunkles Rot, der dazugehörige Edelstein ist der Herkimerdiamant (ein sog."Hochquarz"). Heilzahl: 534.

MAYAKA 12. Chakra

„Die Vision des Lebens ist die Liebe"

Die MAYAKA-Energie stärkt und reinigt das 12. Chakra. Sie löst angstvolle Gefühle und Denkblockaden auf. Wenn ihr blockiert seid, könnt ihr gar nicht euren eigenen Weg gehen. Die größten Ängste, die ihr habt, sind die Ängste vor euch selbst und das bedeutet, die Ängste vor eurer Liebe. Wann immer ihr Ängste loslasst auf der Erde, verändert sich euer Denken, euer Handeln und eure Kommunikation.

Wenn ihr durch nicht aufhörendes Denken keine Ruhe findet, könnt ihr mit dieser Energie arbeiten. Sie zeigt euch eure Göttlichkeit, euer Bewusstsein zum Göttlichen, und bringt euch in eure unendliche Liebe und Kraft. Euer 12. Chakra repräsentiert eure Ur-Seele. All eure Leben sind in ihr gespeichert.

Hinweise: Den ganzen Kosmos erfahren. Gehirn ist Gefühl. Hormonsteuerung. Koordination. Schlaf. Die Farbe für die 12. Erdschicht ist Silber, der dazugehörige Edelstein ist der Pyrit. Heilzahl: 309.

SAIKALA 13. Chakra

„Die Einheit zwischen Herz und Verstand"

Die SAIKALA-Energie stärkt und reinigt euer 13. Chakra. Ihr könnt sie einsetzen, wenn ihr Menschen in eine andere Ebene begleitet. Menschen, die austreten wollen aus ihrem Körper. Sie hilft den Menschen, sich von der Erde zu lösen, und hilft euch, die Seele ins Licht zu begleiten.

Innere Kraft entwickelt ihr für die Inkarnation und die Exkarnation, auf der Erde anzukommen und die Erde wieder zu verlassen, denn beides ist eins. Es geht um eure Manifestation, Materialisation und De-Materialisation auf der Erde.

Die Energie kann eine Seele auf die Erde bringen und eine Seele kann eingeladen werden. Ihr könnt jetzt eure eigene Geburt verarbeiten und damit auch die Angst vor dem Gebären eurer eigenen Kinder loslassen. Um neue Wege zu gehen, braucht ihr die göttliche Kraft.

Hinweise: Geburt und Tod. Gedankenkraft. Alphazustand. Annehmen. Die Farbe der 13. Erdschicht ist Rubinrot, ein tiefes leuchtendes dunkles Rot, der dazugehörige Edelstein ist der Rubin. Heilzahl: 000.

MAHYRA 14. Chakra

„Göttliche Freude ist der Weg des Herzens"

Die Energie MAHYRA reinigt und stärkt das 14. Chakra. Sie ist wichtig für die Erde, ihre Atmosphäre, ihre Ozonschicht und für das Wetter.

Diese Energie reinigt bis in die Tiefe hinein. Alte Erinnerungen können dadurch gelöst werden, vor allem solche, die tief im Inneren verborgen sind. Auch Gefühle wie Eifersucht, Neid, Angst und Hass könnt ihr jetzt auflösen. So werdet ihr frei von alten Energien. Annehmen und geschehen lassen, das führt euch in die Einheit.

Wettererscheinungen entstehen durch eure Gedanken und nicht gelebten Gefühle. Vom Herzen her könnt ihr es geschehen lassen, dass wieder Gleichgewicht entsteht – in euch und in der Atmosphäre der Erde. Damit geht es jedem Lebewesen auf der Erde besser und vor allem der Erde selbst.

Hinweise: Urvertrauen. Einheit. Tranformation. Knochen. Zähne. Die Farbe der 14. Erdschicht ist Weiß, der dazugehörige Edelstein ist der Bergkristall. Heilzahl: 927.

DAYALA 15. Chakra

„Vollkommenheit des Herzens"

Die DAYALA-Energie reinigt und stärkt das 15. Chakra. Dies ist eine Schicht, die euch in die absolute Grenzenlosigkeit bringt. Alles vereinigt sich mit der inneren Göttin, mit dem inneren Gott, mit dem inneren Kind, Es sind keine Grenzen mehr da.

Sie bringt euch in den Kontakt mit eurer inneren Frau, eurem inneren Mann, eurem inneren Kind und hilft euch, diese drei Kräfte zu leben und zu lieben. Die Seele möchte frei werden und findet ihren Weg in das Licht.

Auch Situationen, in denen eine Besetzung vorhanden ist, können über die Energie der Grenzenlosigkeit bereinigt werden.

Hinweise: Erlösung. Kanal ins Licht. Reinigung von Plätzen und Häusern. Bänder löschen. Die Farben der 15. Erdschicht sind ein klares Grün und ein klares Blau, klar voneinander abgegrenzt, der dazugehörige Edelstein ist der Larimar. Heilzahl: 873.

NYTALA 16. Chakra

„Bewusstsein von grenzenloser Liebe"

Die NYTALA-Energie reinigt und stärkt das 16. Chakra. Sie ist die Verbindung zwischen den Herzen und öffnet die Herzenskanäle zwischen den Menschen. Dies bringt Freiheit. Und diese Freiheit bringt immer den Frieden. Sie öffnet die Herzen und bringt euch wieder zurück in die Freiheit des Herzens.

Das Herz gibt Euch Geborgenheit. Wenn ihr mehr Kontakt habt mit Eurem Herzen, fühlt ihr euch aufgehoben auf der Erde. NYTALA ist eine Vertiefung der 4. Ebene. Sie hilft euch, eine Herzensebene in einer Partnerschaft zu kreieren. Ihr könnt das Bewusstsein entwickeln, dass ihr alles in euch tragt. Die göttliche Energie darf in euch fließen, durch euch hindurch, in die Erde.

Hinweise: Göttliche Fülle. Göttlicher Strom. Herz. Lunge. Die Farbe der dazugehörigen Erdschicht ist Rosa, der dazugehörige Edelstein ist der Chlorit (Dieser Stein ist augenblicklich in der Entstehungsphase in der Erde und wird zu gegebener Zeit auf der Erdoberfläche zu finden sein). Heilzahl: 009.

YASHANA 17. Chakra

„Das Herz voller Glückseligkeit"

Die YASHANA-Energie reinigt und stärkt das 17. Chakra. Sie gibt euch den Zugang zu allen Universen und hilft euch dabei für die Kontaktaufnahme. Ihr könnt euch mit dem Heilstrahl von allen Universen verbinden.

Es ist eine wundervolle Energie für Heiler. Und es ist wundervoll, dass der Heilstrahl aus anderen Universen durch sie dringt. Ihr könnt mit dem Heilstrahl in Verbindung treten und euch für den Kosmos öffnen.

Hinweise: Tiefe Regeneration. Hypophyse. Hormone. Atem. Omega-Zustand. Die Farbe der 17. Erdschicht ist Hell-Violett, der dazugehörige Edelstein ist der Feueropal. Heilzahl: 554.

VASHALA 18. Chakra

„Die Essenz von Liebe ist
das Bewusstsein von Freiheit"

Die VASHALA-Energie reinigt und stärkt das 18. Chakra. Sie bringt euch in einen Zustand der höchsten göttlichen Ebene und zeigt auf, dass alles aus dem Göttlichen entsteht und dass das göttliche Sein in eurem Leben den Ausdruck findet.

Diese Energie hilft euch, euer Ego loszulassen. Es geht um die Stille und um die höchste Göttlichkeit in euch. Alles, was ihr kreiert in eurem Leben, geschieht durch die göttliche Liebe. Alles. Ihr – jedes Lebewesen – seid eine Kreation der göttlichen Liebe. Ihr könnt die Glückseligkeit entdecken. Glückseligkeit ist über der Erleuchtung.Wirklich zu erfahren, zu was ihr alles fähig seid auf der Erde, das gelingt euch in der Grenzenlosigkeit, in dem Moment, wenn keine Gedanken mehr da sind.

Hinweise: Entdeckung höchster Göttlichkeit, des göttlichen Kernes. Zentrierung. Die Farbe ist Silber. Im tiefsten Mittelpunkt der Erde ist alles Gold, besteht alles aus Gold.

Jade Chakra

„Aus der Einheit empfängst du
die göttliche Kraft.
Und diese Einheit ist das Tor des Lebens."

Das Jade Chakra sitzt oberhalb des ersten Halswirbels, am Hinterkopf. Dort sind alle deine Erinnerungen gespeichert. Es ist das energetische Zentrum Deiner Erinnerungen. Alle Evolutionsstadien der Erde und die eines jeden Lebewesens sind dort gespeichert.

Diese Energie kann Dich verbinden mit Deiner Entstehung im Mutterleib, mit Deiner Kindheit oder mit einer anderen Sphäre Deines Seins. Durch die Wiederverbindung kann vieles geheilt und erlöst werden, und Du kannst befreit aufatmen, denn im Jade-Tor sitzt energetisch gesehen zugleich Dein Atemzentrum.

Und wenn dieses Jade Chakra aktiviert ist, hast du Zugang zu deinem ganzen Wissen, dass du in vielen Leben schon erlernt hast. Mit dem Jade Chakra kannst du Erinnerungen löschen und neue Kraft entstehen lassen. Meditiere mit diesem Chakra und lass Energie durch deinen ganzen Körper fließen.

Energien der neuen Zeit

Visionen

„Folge deinem Herzen,
denn das ist die Sprache von Gott."

Deine Seele trägt eine Vision in sich, und das ist die Vision der Liebe. Und diese Liebe ist der Beginn vom Leben. Diese Liebe ist der Beginn von Freiheit. Und diese Liebe ist der Beginn von Erleuchtung auf der Erde.

Visionen sind die Flügel deiner Seele. Und diese Flügel wollen dich durch das Leben tragen, wollen dich immer in die richtige Richtung weisen und dich schützen. Mit der Visionenenergie kommst du in tiefen Kontakt mit deiner Seelenvision, und du beginnst in diesem Augenblick deine Freiheit zu verwirklichen.

Kristallkinder

„Die Klarheit eines Kristalls
ist die Klarheit in deinem Herzen

So viele Kristallkinder werden jetzt geboren. Ihre Seele ist von wunderbarer Schönheit geprägt und sie bringen das Licht aus der 12. Dimension mit auf die Erde. Die Kristallkinder-Energie darf sich jetzt mehr und mehr ausbreiten auf eurem Planeten Erde. Sie darf jetzt die Integrität finden, dass das Wissen, das diese Kinder mitbekommen haben, nicht verloren geht.

Diese Seelen brauchen Achtsamkeit. Sie wollen, dass ihr ihnen zuhört, was sie zu sagen haben. Die Energie der Kristallkinder aktiviert auch in dir deine Kristallstruktur im Körper. Sie löst und befreit dich und lässt dich wieder in Einklang kommen mit der Erde und mit dem Kosmos. Alle Kristallkinder sollen ihre Kraft wieder spüren; denn diese Kraft ist für jedes dieser Kinder wunderbar.

Indigokinder

„Wenn die Liebe in dir erwacht,
kann Gott in dir erwachen."

Die Energie der Indigokinder soll dich an die Liebe in dir erinnern. Das Bewusstsein der Indigokinder ist, Klarheit, Freiheit, Liebe, Spaß und Schönheit authentisch zu leben und auf die Erde zu bringen.

Wenn du bereit bist, dir in Wahrheit und Liebe zu begegnen, ist der innere Frieden da. Die Energie bringt dich wieder in Kontakt mit deiner inneren Stimme, und dadurch kannst du dein Leben authentisch in Liebe leben. Die Indigokinder helfen, die Gewalt auf der Erde zu beenden.

Gelebte Energien

Inneres Kind

„Authentischsein ist die Liebe
zur Erde und zum Kosmos."

Die kraftvolle Energie des inneren Kindes bringt dich zum wahren Authentischsein. Dass du wieder handelst wie ein Kind: verspielt euphorisch und freudig. Dass du die Dinge annimmst, wie sie sind und den Mut hast, das, was für dich nicht stimmt, zu verändern.

Die Energie lässt Mauern einbrechen, die du in deiner Kindheit aufgebaut hast und knüpft Kontakt mit der Tiefe deines Lebens. Du spürst wieder den Wald, die Vögel, die Natur und kannst dich ganz auf diese Schönheit einlassen. In der Liebe entdeckst du das spontane Kind in dir.

Frieden

„Dein Herz ist voller Frieden.
Lebe diesen Frieden,
und dein Leben wird ganz."

Die Friedensenergie ist die Energie der Erde und des Kosmos. Und da sich in dir Erde und Kosmos vereinen, ist deine Lebenskraft die Kraft des Friedens. Die Energie hilft dir, dass du deinen inneren Frieden wieder spürst und ihn ganz auf der Erde lebst.

Du brauchst nicht mehr zu kämpfen. In dir ist Frieden. Wenn der Frieden auf der Erde wieder einkehrt, wird dein Leben leicht und voller Schönheit. Die Energie bringt dich in tiefen Kontakt mit deinem Weg des Friedens – geh ihn ganz; denn Frieden bedeutet Integration.

Loslassen

„Jeder Atemzug auf der Erde
ist ein Neuanfang."

Die Energie des Loslassens trägt dich auf der Erde. In jedem Atemzug deines Lebens lädst du das Neue ein und lässt das Alte los. Je mehr du dich auf der Erde wiederfindest, um so leichter kannst du loslassen.

Diese Energie lässt dich eintauchen und einen Neubeginn wagen, der aus deinem Herzen gelebt und getragen wird. Lasse dich ganz ein auf den Moment, in dem du frei bist. Denn Freiheit bedeutet ein ständiges Annehmen und Loslassen. Lasse immer das Herz sprechen und alles wird sich für dich öffnen.

Göttliche Fülle

„Die Fülle kommt über dich,
wenn du dein Herz dafür öffnest."

Die Energie der göttlichen Fülle hilft dir, dein ganzes göttliches Potenzial auf der Erde zu leben und anzunehmen. Dass du dich ganz auf das Leben einlässt und dass du mehr und mehr die göttliche Fülle auf der Erde im materiellen und spirituellen Sinn manifestieren kannst.

Die göttliche Fülle trägt jedes Lebewesen im Herzen. Sei offen und bereit, dich mit dieser Energie zu verbinden, dann kannst du die wirkliche Liebe des Kosmos erfahren. Die göttliche Liebe und die göttliche Freude bringen dich zusammen in die göttliche Fülle. Sei bereit, dankbar zu empfangen.

Komm zu Dir

„Eine Reise zu dir selbst,
zu deiner Essenz,
zu deinem wahren Sein
ist die größte Reise
auf dem Planeten Erde.“

Aus der Kraft der Liebe bist du geboren und die Energie „Komm zu dir“ verbindet dich wieder mit dieser Kraft. Komm zu dir bedeutet, dass du dich ganz einlässt auf das Leben. Dass du ganz ja sagst und deine Liebeskraft ganz auf der Erde manifestierst. Dass du alles aus dem Bewusstsein deines Herzens heraus tust und immer darum weißt, dass Glückseligkeit die Vollendung ist.

Komm zu dir bedeutet, dich in jedem Atemzug neu zu entdecken und deine Freiheit und Liebe mit allem zu teilen. In deinem wahren Sein findest du alles, was du suchst. Also komm einfach nach Hause.

Die Liebe erfahren

„Wenn dein Herz offen ist,
ist der Weg, den du gehst,
der Weg, der dich zu dir selbst führt."

Die Kraft der Liebe ist unendlich. Wann immer du mit dir in Liebe bist, ist es ein Neubeginn in deinem Leben. Die Liebe erfahren heißt, dich selbst wahrzunehmen in jedem Atemzug, dich selbst anzunehmen und aus dieser Liebe heraus jedem Lebewesen die Liebe zu schenken.

Die Kraft der Liebe in deiner Partnerschaft ist das, was du wirklich brauchst, um in deiner Partnerschaft glücklich zu sein. Wenn du die Liebe in dir erfährst, kannst du authentisch handeln, und diese Kraft lässt dich und deinen Partner zusammen kommen, um euch auszutauschen, zu verbinden, loszulassen, um euch so zu zeigen, wie ihr wirklich seid. Dies bedeutet, die Liebe wirklich zu erfahren.

Die Seele verlässt den Körper

„Wenn die Seele deinen Körper verlässt,
ist die Ewigkeit da.
Diese Ewigkeit jenseits von Zeit und Raum,
ist das größte Ereignis deiner Seele."

Diese Energie ist für den Augenblick, in dem deine Seele ins Licht geht. Die Vorbereitungen darauf ist von sehr großer Bedeutung. Die Energie „die Seele verlässt den Körper" hilft dir, deinen Körper loszulassen.

Deine Seele lebt ewig. Sie ist unsterblich. Liebes Erdenkind, wenn jemand schon ausgetreten ist aus seinem Körper, verbinde ihn mit dieser Energie, damit er zur Freiheit gelangt. Wenn jemand in deiner näheren Umgebung in dem Prozess des Sterben ist, so begleite ihn mit dieser Energie. Alle Wesen der Erde können in die Ewigkeit kommen.

Seelenanteile kommen zurück

„Frieden kommt in dein Leben,
wenn alle Seelenanteile in dir sind."

Kannst du die Größe deiner Seele spüren? Diese Energie hilft dir, dass du alle deine 12 Seelenanteile wieder in dir entdecken kannst. Sie ist für alle Lichtkinder, um den Frieden und die Liebe im Herzen immer mehr zu leben und spüren zu können.

Es gibt so viele Einflüsse, die dafür sorgen, dass Anteile unseres Fühlens abgespalten werden. Und doch sehnt ihr euch danach, zurück zu holen, was eigentlich zu euch gehört. Lasst dieses Sehnen in euch wachsen, und ihr werdet unendlich frei.

Die Seelenländer

Plejaden

„Das Urvertrauen ist die Wahrheit
eines jeden Erdenkindes."

Je tiefer du eintauchst in die Kraft der Plejadenenergie, um so leichter kommt das Urvertrauen wieder in dein Leben. Du wirst mit der Kraft der Wahrheit wieder in Kontakt kommen.

Wenn deine Seele von den Plejaden sich auf der Erde inkarniert hat, kannst du deinem Wissen und deinem Potenzial mehr vertrauen und kannst dich ganz der Fülle deiner Seele hingeben. Die Plejadenenergie öffnet das Plejadenchakra am Kinn und bringt das ganze plejadische Wissen zu dir zurück. Ihr könnt alle tief in Kontakt kommen mit den Dimensionen des Wissens aus dem Seelenland der Plejaden.

Sirius

„Aus der Klarheit bist du geboren.
Und durch die Klarheit
kannst du dein Leben erwecken."

Die Siriusenergie hilft dir, dein Leben wach und in Klarheit zu leben. Sie ist ein Toröffner, um das große Licht des Sirius auf die Erde zu bringen. Und dieses Licht kannst du für dich und die Erde nutzen.

Die Kraft der Siriusenergie verbindet alle Seelen, die aus dem Seelenland Sirius kommen, um die neuen Technologien, die jetzt anstehen, für die Erde zu manifestieren. Sie hilft, die Verantwortung zu übernehmen für das Geschehen auf der Erde und die Erneuerung harmonisch zu unterstützen.

Orion

„Annehmen ist die Kraft deines Herzens
und diese Kraft bringt in jedem Atemzug
den göttlichen Glanz zu dir."

Die Orionenergie verbindet dich mit deinem ganzen Potenzial des Annehmens. Die Kraft der Orionenergie lässt dich wieder in Kontakt kommen mit der Heilkraft des Orions, die sich in deiner Liebe zu den Wesen zeigt.

Wenn Deine Seele sich vom Orion hierher inkarniert hat, wirst du immer mehr das Vertrauen spüren, dass alle Lebewesen in dich setzen. Der Auftrag der inkarnierten Orionseelen, ist die Begleitung von allen Lebewesen in dem Aufstiegsprozess. Und dass du dieses tun kannst, aktiviert die Orionenergie bei dir. Lasse den göttlichen Glanz vollständig erstrahlen.

Lemuria

„Vertrauen in dich selbst, in dein Leben,
ist die Verbindung zu Gott."

Mit der Lemuria Energie kannst du die ganze wahre Freude deines Herzens wieder leben und auf der Erde erfahren. Die Lemuria Energie lässt dich dein Leben tanzen und bringt dich ganz in Kontakt mit der göttlichen Vision deiner Schönheit. Sie verbindet dich mit deiner Heilkraft und auch mit deinem Lemuriakristall im dritten Auge.

So viele kraftvolle inkarnierte Seelen sind von Lemuria auf die Erde gekommen, um ihre Heilkraft bereit zu stellen, damit der Aufstiegsprozess in Leichtigkeit vollzogen werden kann in jedem Lebewesen. Wenn du dich mit der Lemuriaenergie verbindest, kannst du lemurianische Visionen bekommen und diese in deinem Leben integrieren.

Regenbogen

„Die sieben Strahlen des Regenbogens
bringen dich zu dir."

Die Regenbogenenergie bringt Frieden, Gelassenheit, Ausgleich und Liebe zu dir. Alle Seelen, die sich aus dem Regenbogenland inkarniert haben, können ihre Träume auf der Erde verwirklichen.

Mit der Regenbogenenergie kommst du tief in Kontakt, deine wirklichen Lebensträume zu erkennen und diese zu leben. Du kannst auf dem Regenbogen tanzen und dich mit der Leichtigkeit in deinem Leben erkennen. Die Regenbogenkraft fördert den ausgeglichenen Energiefluss zwischen Körper, Geist und Seele.

Elfen- und Feenland

„Spüre den Wind
und gebe dir Freiheit,
Gleichgewicht und Geborgenheit."

Die Elfen- und Feenenergien bringen dich in tiefen Kontakt mit deiner Gelassenheit, mit der Liebe zu dir und zur Natur und lassen dich deine Schattenseiten integrieren. Der Wind ist immer um dich. Und mit diesem Wind leben die Elfen und Feen und bringen Freiheit und Erlösung mit in dein Leben.

Die Elfen und Feenenergie will mehr und mehr Platz in deinem Leben haben, dass du die Natur und die Erde ganz in deinem Herzen trägst. Wache auf und spüre den Kontakt mit dem Wind.

Wal- & Delphinland

„Die bedingungslose Liebe
in deinem Herzen
ist der Zugang zum Leben."

Die Wal- und Delphinenergie bringt dich in tiefen Kontakt mit deiner bedingungslosen Liebe. Diese bedingungslose Liebe lässt dich frei werden. Die Wale sind immer in der bedingungslosen Liebe. Sie haben den höchsten Bewusstseinszustand aller körperlichen Lebewesen. Der Delphin ist ein kosmisches Wesen, ein Hüter des Lichts. Entdeckst du das Licht in dir, ist die Verspieltheit des Delphins da.

Mit dieser Energie bekommst du mehr und mehr die Wahrheit über dein Leben gezeigt. Dass du dich trauen kannst, dich dir hinzugeben, dass du dich trauen kannst, das Neue zuzulassen. Die Wal- und Delphinenergie stärkt dich und bringt dich in Kontakt, höhere Energien zu empfangen und wahrzunehmen.

Lichtvolle Räume

Herzdiamant

„Freiheit ist:
das Herz in jedem Augenblick
zu erfahren."

Diese Energie haben wir durchgegeben, damit ihr immer die Klarheit eures Herzens erkennt. Sie reinigt die Aura, eure neun Energiekörper und bringt in jeden Raum goldenes Licht.

Es ist sehr wichtig, dass besonders Räume, in denen sich viele Menschen aufhalten, dieses goldene Licht ausstrahlen. So könnt ihr diese Energie in Schulen, in großen Zentren, in Krankenhäusern, in Kirchen und in Läden einsetzen und nutzen. Sie öffnet eure Herzen und bringt euren Herzdiamant zum Leuchten.

Pendelsheet
Engel und Meister

Pendelsheet
Der Kosmos

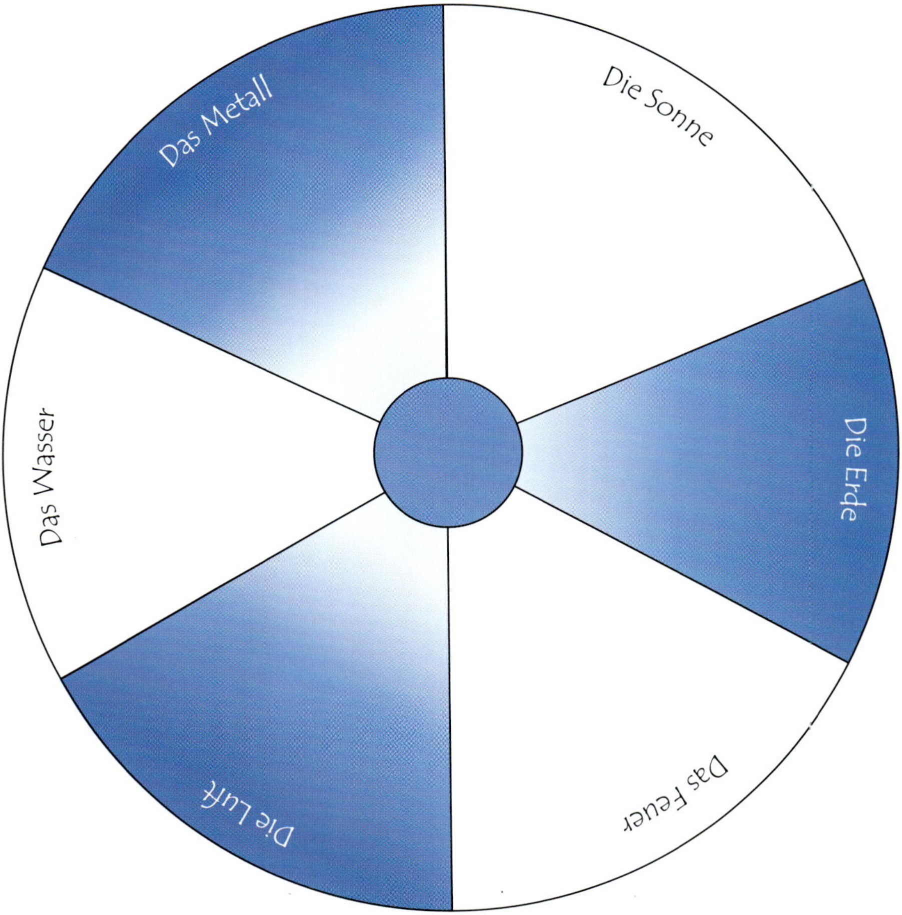

Pendelsheet
Getragen sein auf der Erde

Pendelsheet
Pyramiden-Energien

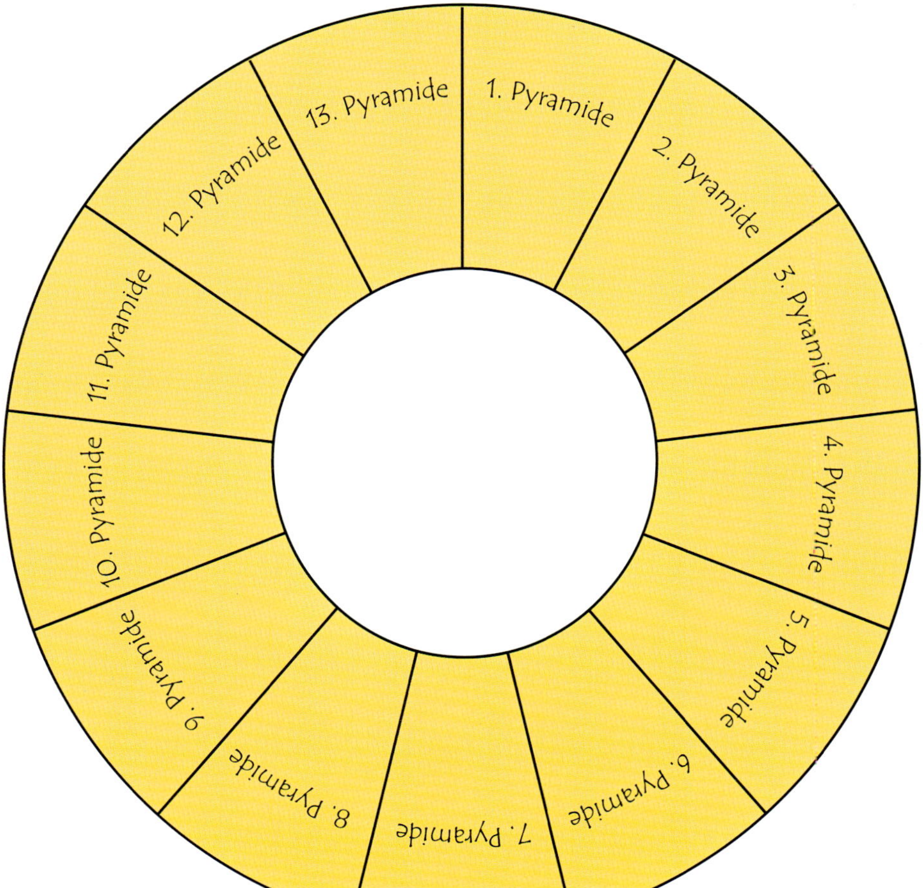

Pendelsheet
Energien der Transformation

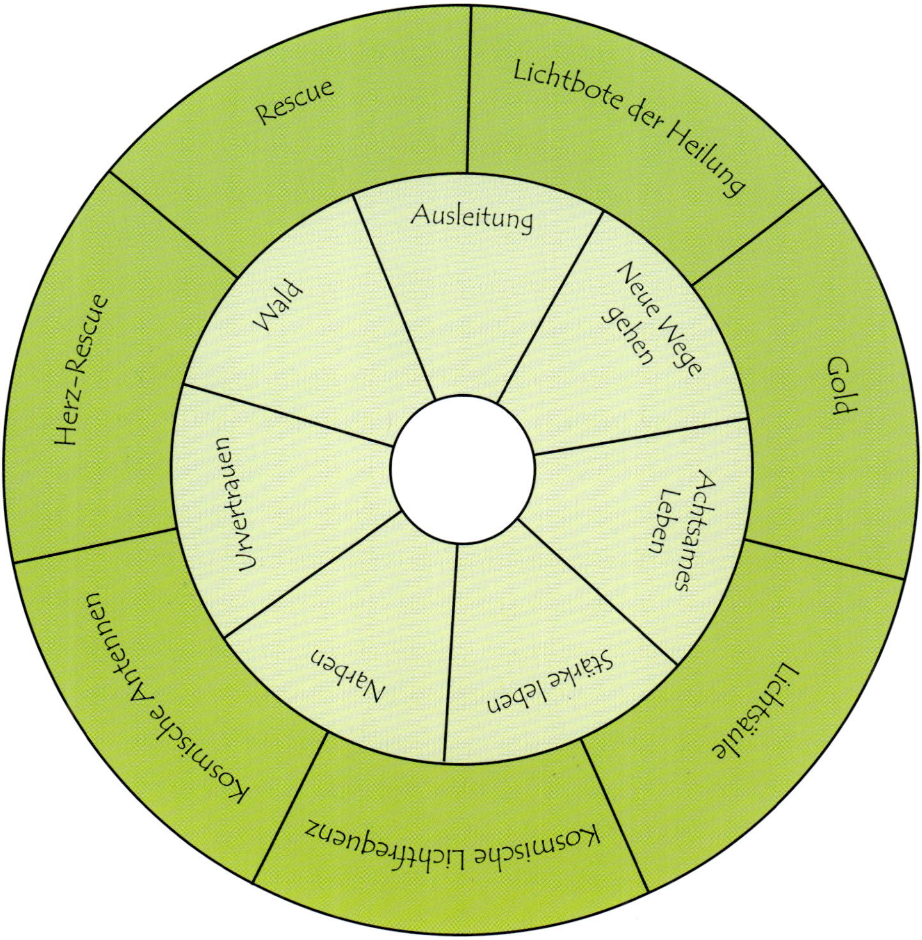

Pendelsheet Chakra-Energien

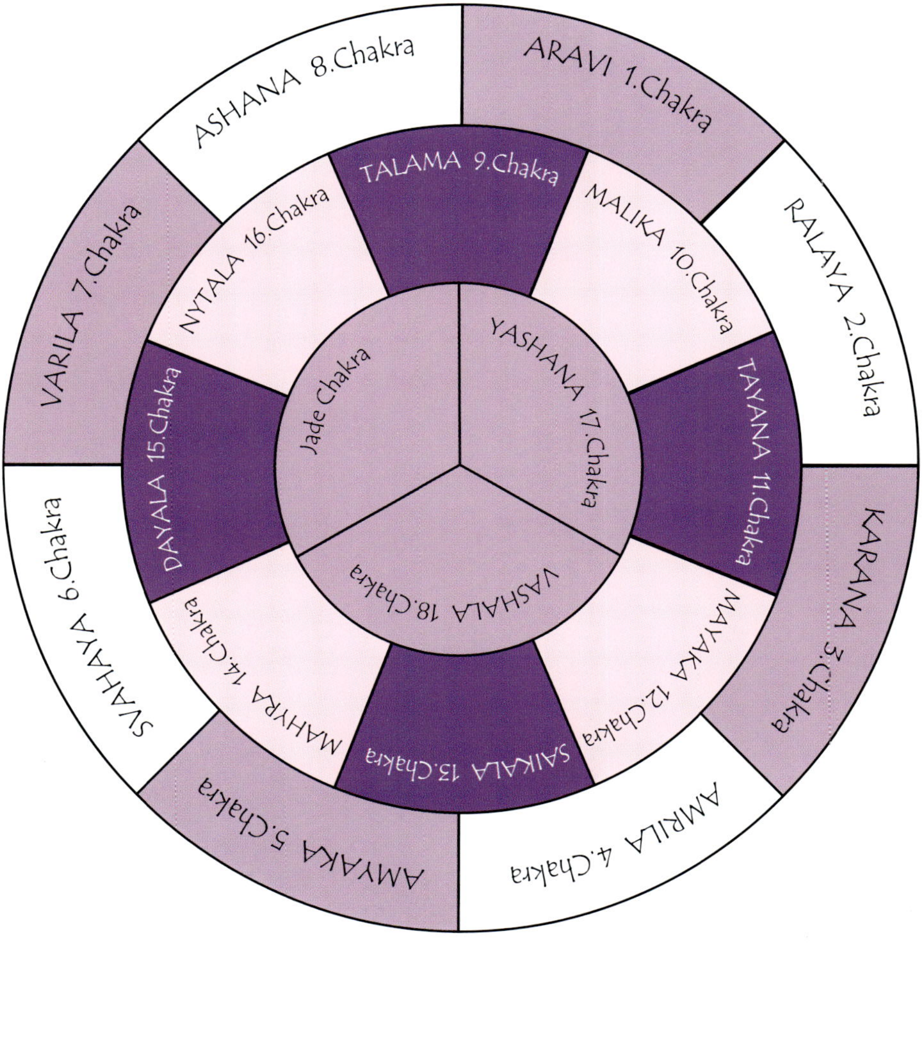

Pendelsheet
Energien der neuen Zeit
Gelebte Energien

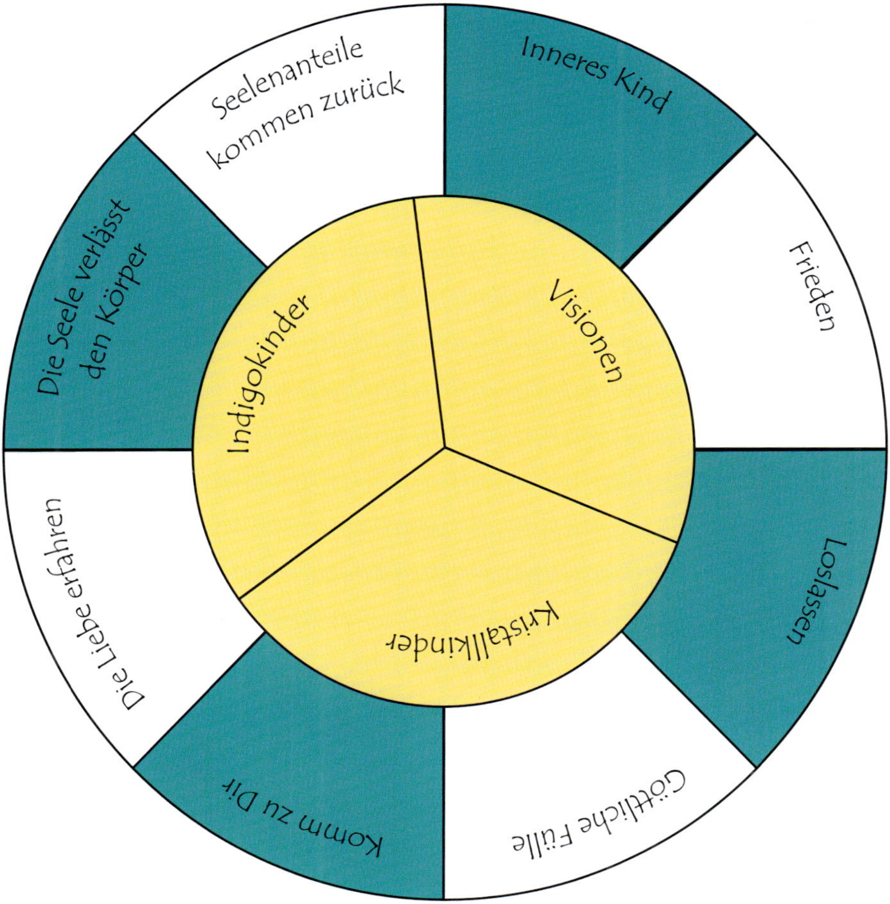

Pendelsheet
Die Seelenländer

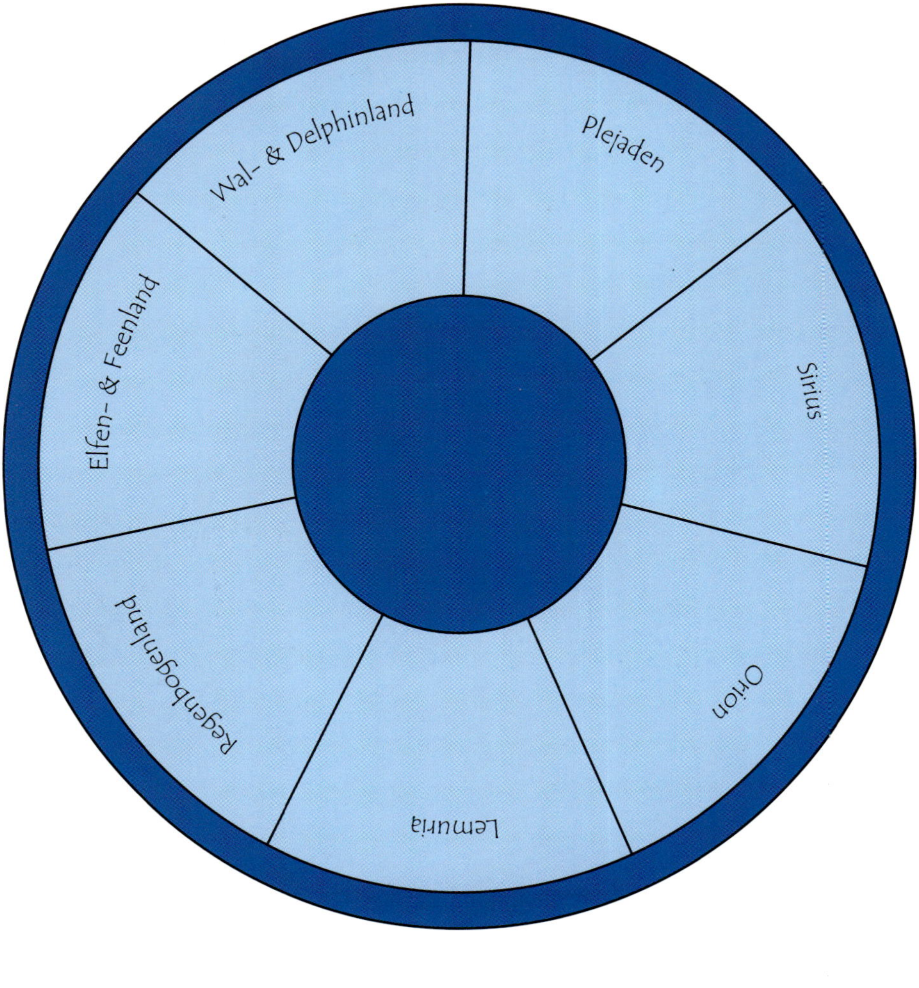

Entstehung der Pyramiden-Mutteressenzen

Natara

Gespräche mit Erzengel Michael

Band 1 ISBN: 978-3-936767-00-1

Erzengel Michael spricht durch das Medium Natara zu einer kleinen Gruppe von Menschen, die sich zu regelmäßigen Channelings zusammengefunden hat und beantwortet ihre Fragen. Themengebiete des ersten Bandes sind: Unser Bewusstsein vor unserer Geburt, das Bewusstsein der Menschen, die vom Indigostrahl sind, spirituelle Einweihungen, die jeder Mensch in Laufe seines Lebens erfährt, Karma, ein gesunder Umgang mit Sexualität und Liebe.

Gespräche mit Erzengel Michael Band 2 ISBN: 978-3-936767-12-4
Gespräche mit Erzengel Michael Band 3 ISBN: 978-3-936767-02-5
Gespräche mit Erzengel Michael Band 4 ISBN: 978-3-936767-03-2
Gespräche mit Erzengel Michael Band 5 ISBN: 978-3-936767-04-9
Gespräche mit Erzengel Michael Band 6 ISBN: 978-3-936767-05-6

In den Gesprächen mit Erzengel Michael, Band 6 werden die 7 Seelenländer betrachtet: Orion, die Plejaden, Sirius, das Elfen- und Feenland, Lemuria, das Wale- und Delphinland und das Regenbogenland.
In dem neuen Band sprechen durch Natara die Königinnen und Könige der einzelnen Seelenländer. Die Leser erfahren, was ihrem Ursprungsland eigen ist; denn jedes Land hat seine eigenen Einweihungen, Schönheiten und Segnungen.
Der Leser erfährt viel über sich selbst und lernt, die ganze Weisheit des Kosmos und seines eigenen Ursprungs in sich zu sehen.

Natara

Symbole und Mantren für den Aufstieg

ISBN: 978-3-936767-13-1

Ein meisterhaftes Arbeitsbuch. Wahre Schätze werden in diesem gut aufgebauten und übersichtlichen Fachbuch preisgegeben.

Erzengel Michael gibt den Menschen für den Aufstieg der Erde und aller Lebewesen durch das Channelmedium Natara 18 Mantren und Symbole, die hier abgebildet und beschrieben sind. Alle mit spezifischen Wirkungen und Heilkräften.

Das Buch ist mit einer Ringbuchspirale versehen, so dass mit den Mantren und Symbolen gearbeitet werden kann.

Natara

Symbole und Mantren für den Augenblick

ISBN: 978-3-936767-15-5

Die Symbole und Mantren gibt es auch im Taschenformat. Ob zu Besuch bei Freunden oder Verwandten, ob Häuser gesegnet oder Seelen ins Licht begleitet werden – für viele Lebenssituationen geben die Symbole und Mantren Hilfe. In diesem Format sind sie überall transportier- und einsetzbar. Als Schutz für den Transport dient eine feste Verpackung.

Joachim Hausmann

Sananda spricht

ISBN: 978-3-936767-30-8

Es ist ein gechanneltes Buch, das überströmt von Liebe und Enthusiasmus, von der ersten bis zur letzten Seite, das zum Frieden mit sich selbst führt und die Menschen einstimmt auf die Veränderungen und Dinge, die kommen. Jene Dinge, die die Seelen aufwühlen und abgespaltene Emotionen emporbringen.

Ein Leitfaden, um das Alte abzuschließen und die Veränderungen anzunehmen, die uns erreichen. Es lässt uns erkennen, warum all dies geschieht und wie wir in Leichtigkeit und Freude in das Neue gehen können.

Es ist ein Buch, das uns zeigt, welchen Sinn wir in all den Herausforderungen des Alltags erkennen dürfen und wie wir diese Beschwernisse als Geschenke des Universums verstehen, annehmen und die Belastung auflösen.

Die Sprache ist teils ernst, teils im Plauderton, teils von köstlichem Humor, alles in allem leicht zu lesen und leicht zu verstehen.

Renate und Eckhard Moog

Erkenntnis oder Leiden

Seelische Prozesse von Gesundheit und Krankheit

ISBN: 978-3-936767-11-7

Unsere Aufgabe im Leben ist es zu wachsen, unser Bewusstsein zu erweitern, unsere Seele zu entfalten. Chronische Krankheiten drücken aus, dass ein anstehender Entwicklungsschritt nicht getan wird.

Wenn wir uns dem inneren Heiler zuwenden, tun wir den ersten Schritt auf dem Weg in die Heilung. Wenn wir nicht auf die Signale von innen horchen wollen, müssen wir die Defizite unserer seelischen Entwicklung durch weitere Konfrontation mit Krankheiten ausgleichen.

Die Autoren, ein bekannter ayurvedischer Arzt und seine hellsichtige Partnerin, haben die seelischen Ursachen von 60 verschiedenen Krankheitsbildern in eigener geistiger Forschung und auf der Basis langjähriger Praxiserfahrungen betrachtet und erschlossen.

So sprechen ihre Texte direkt das Herz und den inneren Heiler an. Der Lesende kommt in seine eigene Kraft, wenn er die Botschaft der Eigenverantwortung annimmt.

Balateera

Honigblut

ISBN: 978-3-936767-80-3

Balateera hat sich von den Energien der Engel und Meister inspirieren lassen, und ihre Liebe in der Musik zum Ausdruck gebracht.

„Honigblut" erinnert uns an das Funkeln der Sterne, das Pulsieren der Herzen, das goldene Licht, die leuchtende Kraft, die durch uns fließt, und an die Freude, die unserem Leben die Süße des Honigs verleihen kann.

Kamasha Energiekarten Set

Wunderschöne Energiekarten mit 108 Motiven von Engeln, Meistern und lichtvollen Energien. Bilder von Simone Benenatti. Du kannst mit ihnen wie mit einem Tarotspiel arbeiten.

108 Karten im Set: EUR: 28,50 [D]
erhältlich beim
Kamasha Versandhandel

Natara

Natara Jörg Loskant ist gelernter Physiotherapeut, mit Zusatzausbildungen wie Osteopathie, Craniosakral-Therapie, Shiatsu und wirkt seit 1998 als Channelmedium von Erzengel Michael und der geistigen Welt. Mit dieser Kraft gründete er das Unternehmen Kamasha, das lichtvolle Essenzen, Bücher u.a. Produkte herausbringt. Mit seinen Seminaren und Ausbildungen bringt Natara die Menschen in Kontakt mit der Heilkraft des eigenen Herzens.